天下文化
BELIEVE IN READING

心理勵志　BBP375B

成大事者不糾結

罗辑思维

羅振宇——著

Contents
目錄

第二章 除了你自己，沒人靠得住

04

換個姿勢奔跑：盧梭

第三章　怎麼做個明白人

第五章 好牌和爛牌，看你怎麼打

12

推薦

成大事者無妄念

臺大歷史系助理教授　呂世浩

當初收到來自天下文化的邀請，希望我為「羅輯思維」創辦人羅振宇先生的新書《成大事者不糾結》寫一篇推薦序，心中其實十分惶恐。個人向來信奉「知之為知之，不知為不知」的原則，更自認在學界年輕資淺，因此不敢幫人寫序。但身為「羅輯思維」的愛好者之一，看過這本書後，實在啟發良多，因此忍不住就答應了這件事。

其實當初第一次看到「羅輯思維」這個節目，我就知道它一定會成功。為什麼呢？不只是因為羅振宇先生頭腦明晰、幽默風趣，更是因為「幫大家讀書」這樣的構想，符合了時代的要求。這是個資訊爆炸的時代，每年每月每日都有無數的好書出現，但「生也有涯，知也無涯」，對於有心求知卻時間有限的社會大眾，該如何是好？這時「羅輯思維」便應運而生，透過清楚的分析歸納，將本本好書的內容呈現在大家面前，實在是功德無量。

在本書中，作者透過六組歷史人物的對比，分析了他們各自成敗的原因。在我看來，這些失敗者無不敗於各自心中的「妄念」。張廷玉有「配享太廟」的妄念，拿破崙三世有「恢復榮光」的妄念，嘉慶有「絕對正確」的妄念，雍正有「情感綁架」的妄念，隋煬帝有「千秋大業」的妄念，早期的曾國藩有「要求他人」的妄念。而其他成功者，都是因為捨棄了心中的妄念，踏踏實實的做事，就事論事的解決問題，不空唱高調，不過分要求，因此才能得到應有的成就。

此外，書中所說的「不能用今天的是非標準去評判當年人的是非對錯」、讀歷史會讀出「一種悲憫之情」、「中國文化有活力、有彈性、有容納力的一面」，更是於我心有戚戚焉。

做為中華古典文化愛好者的我，在閱讀本書時，每每想起《大學》

所說的「知止而後有定」。中國學問最重視的，莫過於管理者的自我管理；而人最難以克服的，正是自己那顆貪得無厭的心。曾聽先師　愛新覺羅毓鋆說過一個小故事：當年曾有人勸曾國藩稱帝，曾國藩在帳中想了很久，手指不斷在桌上寫字，結果身邊人一看，他寫的是一個又一個的「妄」字。

成大事者不糾結，因為他早已克服了自己心中的妄念。

推薦

汲取成大事的智慧

「關鍵評論網」創辦人　鍾子偉

網路自媒體「羅輯思維」的超高人氣，證明了在媒體多元蓬勃發展、讓人眼花撩亂的時代，只要想法有料、內容有趣，依然能吸引到群眾。《成大事者不糾結》這本書與節目一樣，既有深度又好看，乍看是談歷史人物的遭遇，實際是探討人生應有的態度與思維。

書中許多觀點與我的想法不謀而合，像是要實現偉大的夢想，最該做的其實是顧好「此時此刻」，以務實的行動一步步累積出期望的未來。誠摯推薦你閱讀本書，從中汲取成大事的智慧與經驗！

第一章

未來不迎，過往不戀

01 一個公務員的海市蜃樓——張廷玉

有時候，我們讀一本架構非常恢宏的書，讀完之後對整體架構沒什麼印象，反而是其中某一個章節的某一個故事或者情境，會帶給我們特別多的啟發。比如說《饑餓的盛世》，它的作者是中國當代著名的民間歷史學家張宏杰先生。這本書寫的是有清一代乾隆朝的整個政局，但讓我留下最深印象的卻是其中一個小故事。

這個故事的主人公叫張廷玉，安徽桐城人，字衡臣，號澄懷居士，二十九歲就中了進士，他老爹是康熙朝的大學士張英。

在他小時候，有家學淵源；當了官之後，還有老爹天天指點朝堂政治怎麼玩；他自己稟賦又很好，氣度沉穩，一看就有人臣之相，幾乎就是為大清王朝量身訂製的一個宰相種子，好機會就是為這種人留著的。

張廷玉三十三歲時，被康熙皇帝賞識，「奉旨侍直南書房」。

其實張廷玉在康熙這一朝當的官並不大，最高只到侍郎一職，相當於現在的副部級官員，他真正飛黃騰達是在雍正爺當政的時候。

雍正一朝，「配享太廟」的榮譽

雍正即位元年，發現張廷玉這個人很能幹，就提拔他當了正部級的禮部尚書，但是又不讓他去禮部上班，而是留在自己身邊「暫襄政務」。所以，張廷玉在雍正朝的十三年，一直是雍正的大祕書。

後來張廷玉的官就當得很大了，比如說：首席軍機大臣、保和殿大學士，官前又掛了太子太保，還分管吏部和戶部。吏部和戶部在六部當中地位最高——吏部管官，掌人事權；戶部管財，掌財權。也就是說，人和錢這兩個最核心的權力，都掌握在張廷玉的手裡。

張廷玉和雍正的私交也非常好。當然，清代皇帝有喜歡作秀的傳統，雍正就經常製造出一些非常戲劇化的情景，讓史官、近臣們傳揚出去，造就一段又一段的「佳話」。

雍正五年（一七二七年），有一次張廷玉生病請了幾天假，雍正皇帝就對身邊的侍從說：「我這兩天胳膊疼。」侍從驚問其故，雍正皇帝說：「我為什麼胳膊疼呢？因為張廷玉就是我的左膀右臂，他現在生病了，所以我才會覺得胳膊疼。」這件事就誕生了一個劇本，被四處傳揚，意思是君臣相得。

雍正十一年（一七三三年），張廷玉請假回老家省親，從北京到安徽桐城，路上一來一去得走幾個月。雍正皇帝想他想得不得了，就用寫情書的筆法向他下了道聖旨：

朕即位十一年來，在廷近內大臣一日不曾相離者，惟卿一人，義固君臣，情同契友。今相隔月餘，未免每每思念，然於本分說話又何嘗暫離寸步也。

大概的意思是，我們君臣相守這十一年，不曾有一日分離，現在卿家走得遠了，朕心裡思念得緊啊！

這也是皇帝製造給外廷看的一段君臣佳話。

雍正這個人雖然在歷史上是有名的殘忍、不好伺候，但是他確實還有一點性情，喜歡把事做盡做絕，好要好盡好絕，壞就恨不得一刀一刀把你剮掉。終雍正一朝，碩果僅存的大臣只有兩位，一位是鄂爾泰，另一位就是張廷玉。

雍正皇帝跟鄂爾泰之間也是如此。有一次他跟別人說：「朕有時自信不如信鄂爾泰之專。」意思是說，我相信他，比相信我自己還厲害。雍正皇帝就是這樣的性格。他臨死的時候，扶著床邊看著這倆寶貝，怎麼看怎麼愛，都說「好基友（指男性關係極親密的同性友人）」，一輩子」，可這一輩子也到頭兒了，怎麼能永生永世呢？他就想了一招，臨死前下了一道遺旨，說鄂爾泰、張廷玉這兩個人死後「配享太廟」。

「配享太廟」可是當時為人臣者的最高榮譽，就是死了以後也可以做一個牌位，放在太廟裡皇帝列祖列宗的神主牌的旁邊。這意味著，後世皇帝到太廟向自己的列祖列宗磕頭的時候，順便向他倆也跪了。一個人臣能夠享受到這樣的榮譽，那還了得？

聖眷不衰，看真本事

張廷玉能夠得到十幾年不衰的聖眷，還是有點兒真本事的。他為人比較清廉，不亂收錢財，不養小三。更重要的一點是，張廷玉這個人非常勤奮而且能幹。給皇帝當祕書很不容易，皇上滔滔不絕說一層意思，你就得馬上趴在地上把它寫成文字呈給皇帝。皇帝一看，這正是我的意思，然後下發給群臣。

普通人別說理解別人的話了，就是自己想好的話，要把它寫成文字，可能也得斟酌再三。而張廷玉就有這個本事，只要皇帝說完一段話，他就立即能把它落在紙上，並得到皇帝的認可。皇帝每天往往有十幾道詔旨要下發，所以他的文筆和才思，可以說相當不簡單。

張廷玉也很勤奮，他當了五十年官，執掌軍機處二十四年，每天早上天沒亮就要去上朝，「朝臣待漏五更寒」；他的記憶力也特別好，不管是封疆大吏還是底下的小官僚，每一個人的籍貫、出身、履歷、政績他都瞭若指掌，儼然是一部活字典。可以說，他就是雍正皇帝的「度娘」（對百度搜尋引擎的戲稱），皇帝想知道什麼找他一問，馬上就能知道，所以皇帝怎麼離得開他呢？怎麼能不視他為左膀右臂呢？

在封建王朝你要當一個名臣，光有這些本事還不夠，最關鍵的還有一條，就是不能跟皇帝爭他最重視的一樣東西——後世之名。這一條太難了，但張廷玉也做到了。

眾所周知，很多名臣都沒有好下場，比如說魏徵。唐太宗和魏徵這兩個人看起來君臣相得，魏徵死的時候，唐太宗還跑到宮廷最高的樓上，望著遠處為他送葬。

但是後來唐太宗聽說，魏徵經常把寫給自己的那些諫諍奏疏拿給史官看（當時的史官是著名的大書法家褚遂良）。皇帝心裡說：「你來諫諍我，這是讓我留下千古佳話，可你拿去給史官看是什麼意思？你自己想留下千古佳話嗎？你的所有後世之名還不都是老子我賞給你的？」

這件事情觸怒了唐太宗，再加上一些關於魏徵結黨營私的傳言，使得唐太宗本來說好要把自己的閨女嫁給魏徵的兒子，現在不嫁了；有一次甚至怒髮衝冠，還跑去把魏徵的墓碑給推翻了，就是所謂的「親撲其碑」。

雍正爺也是如此。雍正朝有一個人叫楊名時，也是著名的政治家，他是一個好大臣，但就是太愛名。雍正皇帝最煩臣下這個毛病。你正直，你不貪，不還是為了你自己？這名兒憑什麼歸你呢？應該歸我才對。

而張廷玉這一點就做得特別好，正史裡提及他的功績，只有三件微不足道的小事，其中一件是張廷玉向皇上上表，說：「咱們是不是要為守節十五年的婦女立個牌坊？」史官居然把這件小事寫到了一個在朝幾十年的大臣的傳記當中，說明他真的很少與人提起自己的功勞。

其實在雍正朝和乾隆朝的前半截，幾乎所有的重大決策裡都有張廷玉的影子，但是沒人知道他到底發揮了什麼作用。說得不好聽一點，張廷玉真的是一隻「老狐狸」，讓皇帝一點兒把柄都抓不到，什麼都不爭，就兢兢業業、勤勤懇懇的為皇帝家幹活，看皇帝還有什麼說的。

乾隆爺的「移動說明書」

雍正爺死後，乾隆爺登臺。一朝天子一朝臣，張廷玉該倒楣了吧？沒有。因為乾隆爺登基的時候還很年輕，面對大清王朝這麼一部大機器，什麼零件使用說明都沒有，只能倚重鄂爾泰和張廷玉。

尤其是張廷玉。他歲數大了，乾隆爺一看他走到大殿門口，就趕緊吩咐人去把老先生攙進來。乾隆皇帝甚至在「出差」的時候，都會把朝廷的事丟給他們倆，這就是乾隆皇帝前期對他們的態度。

可是有一件事情是遲早要發生的，就是張廷玉已老，總有一天要退出歷史舞臺；而乾隆皇帝還年輕，總要扶持自己的班底。所以在乾隆朝的前十年，張廷玉心中一直記掛著這件事。這一天什麼時候到來呢？他不知道。但是該來的總會來，這一天終於在乾隆十年（一七四五年）一步一步的逼近了。

乾隆十年，鄂爾泰病死了。鄂爾泰性格比較張揚，乾隆皇帝早期的主要打擊對象就是他；張廷玉性格比較隨和，所以還沒輪到。鄂爾泰死後，乾隆就要起用自己的人，他起用了三十多歲的訥親當首席軍機大臣。

張廷玉雖然當了這麼多年首席軍機大臣，但如今也只能退後。乾隆十一年（一七四六年）的時候，給張廷玉下了一道詔旨，說：「老先生你身體不好，我很心疼你，你就不必這麼早來上早朝了，可以在家多睡一會兒。」這道詔旨一下，張廷玉心裡就明白七、八分了，這是多麼清晰的政治訊號。再加上張廷玉的大兒子也在這一年離世，老爺子經此巨大打擊也倦勤了，想退休了。像一部理性的政治機器一樣運作了近五十年的張廷玉，現在心頭只有一個任務：「怎麼才能平安降落呢？」

想退休怎麼就這麼難？

在中國古代的政治生態當中，人臣一旦到了權臣的位置，後半段的政治生活就很麻煩，要想安全降落，難度係數實在太高。現在張廷玉面對的就是這種困境。遍翻史冊，這方面做得比較好的，只有唐代的郭子儀一人。曾國藩對他評價說：「立不世之勳而終保令名者，千古唯郭汾陽一人而已。」郭汾陽就是郭子儀。

但是郭子儀到晚年位極人臣的時候，也是機關算盡。舉一個例子，唐代宗李豫當朝時，有一個叫盧杞的官員到郭子儀家拜見他。盧杞時任御史大夫，一看就是將來的政治明星。郭子儀趕緊吩咐家裡的女眷躲起來，他的夫人、小姐就問：「我們為什麼要躲他呢？」郭子儀說：「你們有所不知，盧杞此人長得醜，心眼又小，他來的時候萬一哪個丫鬟婢女忍不住一笑，他就會記恨在心。等他以後掌了權，我們郭家子孫一個都活不下來。」郭子儀為了能夠「軟著陸」，真是用盡心思。

乾隆十三年（一七四八年）正月，皇帝大擺筵席，請朝臣來吃飯。吃完飯之後，張廷玉看皇帝心情不錯，就藉著跟皇帝私下交談的機會，說自己歲數大了，腿腳不靈便了，記憶力也不行了，兒子也死了，現在能不能告老還鄉。

乾隆一聽，心裡說：「你是在埋怨我嗎？雖然我把你這本『說明書』收起來了，可萬一有什麼不懂我還得問呢！再說你是先帝下旨『配享太廟』的人，是死後有無上榮光的人，生前能偷懶嗎？」因此就沒同意。

但張廷玉不識相，還跟皇帝辯論，說：「死後『配享太廟』、生前告老還鄉的，也不是沒有先例，明代的劉伯溫不就告老還鄉了嗎？」

皇帝說：「你跟我辯論，那我就跟你辯辯。劉伯溫哪裡是告老還鄉的？他是被皇帝罷黜的，你要學他嗎？你怎麼就不學學諸葛亮，鞠躬盡瘁，死而後已呢？」

張廷玉說：「諸葛亮那時候天天打仗；我命多好，遇到太平盛世，又遇到您這樣賢明的君主，所以我可以歇著了。」

兩人愈辯，乾隆皇帝就愈來勁，最後說：「看來你是對我沒感情了，古時候的忠臣是不會這麼幹的，你看哪個忠臣不是至死方休？所以你這個要求我不能答應。」

張廷玉沒辦法了，因為話講到這個份兒上，已經上升到對皇家、對皇帝本人是否忠誠的高度了，所以他只好叩頭免冠，嗚咽不能自制。乾隆皇帝說：「別哭了，讓人送你回家吧！」

乾隆皇帝第二天就在朝堂上跟百官說了這件事，說的時候很留餘地，不明說張先生這個事，只是說這個理。他說一個朝臣是不是要像張先生這樣，到老了就覺得我們皇家對他沒什麼用了，就把我們一腳踢開？不該吧？

這件事發生在乾隆十三年（一七四八年）正月，張廷玉從此就嚇壞了，哪裡還敢再提？乾隆十三年的政局，不能說血雨腥風，但變局的確是非常大的。

首先，乾隆皇帝的元配皇后——孝賢皇后死了，他心情不太好；其次，他掌握這個國家已有些時日，也有了基本的自信，所以他從前期比較寬仁的統治政策，變成了中後期比較嚴厲的統治政策。

這一年張廷玉的政治待遇也發生了兩次改變。第一次是出版《御製詩集》。乾隆皇帝雖然詩寫得臭，但是愛寫，一天能寫好多首，於是就要出版《御製詩集》，讓張廷玉來監製。後來，乾隆皇帝拿到印出來的書一看，竟然有錯別字！當然就要給他處分，「交部議處」。後來一次是因為張廷玉在為乾隆最珍愛的元配皇后寫的祭文裡用到了一個詞，讓皇帝很不滿意，所以將他罰俸一年。

這兩件事對張廷玉來說，都是非常明顯的政治訊號，就是說你失寵了，皇帝現在要給你點顏色瞧瞧。張廷玉當官四十多年，從來沒有受過處分，突然在一年裡連續被處分兩次，心理上真的是受不了了。可是他又不敢提，怎麼辦呢？只能忍著。這一忍，張廷玉的身體就更加不好了，牙也掉光了，腿也不行了，沒人攙扶已經走不動了，說話也開始顛三倒四。

乾隆十四年（一七四九年）臘月，皇帝有一次溫語問詢：「老先生你最近身體怎麼樣？」張廷玉一聽機會來了，趕緊說還是想退休。乾隆沉吟了一下，說：「這麼著吧！別著急，你先回家，容我想想。」

第二天，乾隆皇帝就給張廷玉下了一道諭旨，說：「張老愛卿服侍我們祖孫三代，功勞是有的，雖說歲數大了，但是我真捨不得你，怎麼辦呢？這麼著，你自己決定，你要是下定決心了就走，你要是改主意了就別走。」

其實從乾隆皇帝的性格當中，可以分析得出他是想演一齣戲——我告訴你，你功勞很大，我捨不得你，但是你老了，我又想照顧你，怎麼辦呢？你自己做決定。最好你明天就上表說自己雖然歲數大了，走不動了，但想了想還是捨不得皇帝，留下算了。那皇帝就可以再下道諭旨說，算了，你還是回老家吧！

但萬萬沒想到，張廷玉真是老了，他的政治智慧已經不夠用了，他覺得這是皇上默許他走了，然後就上表謝恩。乾隆拿到這份奏摺一看，說：「算了，我好人做到底，也不跟你為難了，走了就走了吧！」就批准了，最後還加了幾句話，這幾句話意味深長，他說：「今年我四十多歲，等我五十大壽那一年，你就九十歲了，你要扶鳩進京，就是拄著你的拐杖再進京，我們君臣再聚。」那意思就是，我們還要留一段佳話。你要離婚，要分床睡，那咱們就好聚好散，你走吧！

一時糊塗，丟了伯爵

張廷玉回到家之後，腦子裡突然蹦出一個念頭——人走茶涼，破鼓萬人捶，牆倒眾人推。朝廷中我也不是沒對頭，我走了之後，他們要是天天在皇帝面前說我壞話，萬一「配享太廟」的榮譽不給我了怎麼辦？那我損失可就大了。這是我最後的哀榮，我能不能跟皇帝要一份保證書呢？

他躺在床上翻來覆去想了好幾天，終於鼓起勇氣跑到宮裡去見乾隆皇帝，說了一大堆，最後有一句話是「請一辭以為券」，就是請您說句話給我當個憑證，口頭的也行。

乾隆皇帝看著他，覺得又好氣又好笑，心想：「你的意思是，你對我爹放心，對我就不放心了？」乾隆皇帝壓了壓火，說：「我答應你了，就給你這券，給你這辭。」張廷玉前腳回了家，乾隆皇帝後腳就給他寫了一首詩送到家去了。乾隆皇帝的詩實在太臭，就不引了，意思就是：「我也不是什麼堯舜之君，不知道能不能配得上你這麼好的臣子；但你是不是好臣子，將來我們倆這關係到底是怎麼一回事，我也不知道，讓後世去評價吧！」

這首詩裡面雖未暗含殺機，但至少皇帝是不高興了。

張廷玉做完這件事情，緊接著又出了一個昏招。按照當時的君臣禮節，皇帝賞賜臣子一件東西，或者應允你一件事情後，臣子第二天要到宮門前叩頭謝恩。可張廷玉覺得：「好不容易提著一口氣把話說出來了，也得到想要的結果了，天氣這麼冷，我還是繼續睡，讓兒子進宮代為謝恩吧！」

乾隆皇帝這下就暴怒了：「你張廷玉果然對我沒有感情，你得到了想要的結果，居然都不來謝恩！」乾隆皇帝就讓軍機大臣給他下旨，讓他「明白回奏」，到底是怎麼想的，是什麼心理動機。

當時的軍機大臣裡有一個人叫汪由敦，後來也是清代的名臣。此人是張廷玉的弟子，他一看皇帝臉色不對，就趕緊寫了張小紙條讓小廝送到張廷玉家，提醒老師小心點兒。

可張廷玉真的是老了，他做了一件糊塗得不能再糊塗的事——第二天天沒亮就跑到宮門前去請罪。要知道，這時候皇帝的諭旨還沒到張家呢！這不是明擺著告訴皇帝，有人給他通風報信嗎？張廷玉年輕時絕對不會犯這種錯誤，但他這時真的是方寸大亂，神智已昏。

這讓乾隆皇帝怎麼想？謝恩的時候你說有病來不了，一聽說我發火了，就立即跑來請罪，還有人給你通風報信，在我這兒搞「潛伏」？乾隆皇帝就下了道諭旨把他大罵一通，意思是，鄂爾泰好歹還平定了苗疆有點軍功，你一個祕書有什麼功勞？最後的處理意見是：「我老爹說要讓你『配享太廟』，這我不管，就給你了；但是你的伯爵是我封的，這東西你得給我留下。反正咱倆沒感情了，你就走吧！」

這下張廷玉可就沒招了，把伯爵這份不世出的恩寵生生的丟掉了。但是他也認了，準備來年三月賣賣東西，賣賣房產，然後就回老家。

難關徹底結束，落寞而死

乾隆十五年（一七五〇年）三月春風一起，正當張廷玉要南下的時候，又出事了。乾隆皇帝的長子永璜死了，這是乾隆皇帝最鍾愛的一個兒子，而張廷玉是他的老師。按照情分，葬禮是不能不參加的，所以張廷玉又以老邁的身軀參加了永璜的葬禮。初祭剛完，張廷玉又上表說要走。你想想看，還沉浸於喪子之痛中的乾隆皇帝，面對這麼一個沒心沒肺的老東西，還能饒得了他？

不過乾隆皇帝的手段還是比較高明的，他下了一道諭旨，問張廷玉：「你自己說，你還配不配『配享太廟』的榮譽？」這要張廷玉怎麼說？張廷玉只好叩頭免冠，說自己死罪，說自己不配。乾隆皇帝就順水推舟，說：「既然你說不配，那就不給你了，你可以走了。」

所以在乾隆十五年（一七五〇年）春天，張廷玉回到安徽桐城老家的時候，什麼都沒有了，伯爵的名分沒了，「配享太廟」的榮譽也沒了。當地的地方官誰還敢接待他？大家都得避嫌，只有他的幾個侄子把他接回了老宅。他「吱呀呀」推開大門，然後默坐半晌，從此就病了。

按理說張廷玉被追奪了爵位，又被追奪了「配享太廟」的榮譽，落寞的回到了安徽老家，故事就應該結束了吧？沒完。因為乾隆皇帝心裡的惡氣壓根兒就沒出來。

終於，機會來了。有一個叫朱荃的人，是張廷玉的兒女親家，翰林學士出身，當時放了一任四川學政。放一任學政就是到一個省主持當地鄉試之前的科考，很多想參加鄉試的學生就會給他送拜師禮，這樣就能攬一大筆銀子回到京城。

清朝時，在京城當翰林是非常窮的，那幾兩銀子的俸祿根本養不活家裡，只能借債度日；怎麼還債呢？就得跟債主、當鋪說：「將來我放一任學政就還你錢。」

朱荃剛放了四川學政，就接到家報說老娘死了，於是他心裡就糾結起來，到底是要銀子還是回家奔喪呢？最後他做了一個決定：匿喪不報，直奔四川掙錢去。此事後來被人告發了，在當時的倫理環境中，做出這種事情的人就是禽獸不如，是典型的小人。

於是乾隆皇帝又來勁了，下了一道諭旨：「張廷玉你和這樣的小人結為姻親，是什麼意思？你『明白回奏』。」

說實話，乾隆皇帝這道諭旨有點兒不講理。張廷玉怎麼知道他的親家會做這種事呢？所以張廷玉寫的回奏也特別有意思，他說：「我什麼都不知道，我跟他結姻親的時候，也是稀里糊塗的，要不是皇帝您點醒，我還不知道是怎麼回事，現在才如夢方醒。」就是說，我實在沒招了，我就承認我老糊塗了，您愛怎麼樣就怎麼樣吧！

乾隆皇帝一想，張廷玉伯爵的身分沒了，「配享太廟」的榮譽也沒了，還要怎麼懲罰他呢？這樣吧！讓他把我們家三代皇帝賞賜的所有東西，什麼字畫、小扇子等，都給我還回來。

皇帝派了內務府大臣德保去追奪這些東西。德保在臨行的時候，乾隆皇帝密授了他一段話。德保到桐城找當地官府要了兩百兵丁，直接就把張廷玉的家給抄了。

乾隆皇帝囑咐了他什麼？說：「你一定要看清楚，第一，他有沒有貪財，幾十年的宦海生涯，我就不相信他沒有積攢大財，你挖地三尺，只要挖出銀子我就辦他。第二，看看他回家之後幹了什麼，他參與了朝廷這麼多年的機密，有沒有片紙隻字誹謗朝廷。」在乾隆朝，誹謗朝廷那就是殺頭的大禍。說白了，這次乾隆皇帝已經動了殺機，只要德保找到任何東西，甭管是張廷玉貪財的證據，還是稍微透露一點兒不該被外界知道的資訊，張廷玉就活不成了。

我們不得不佩服張廷玉老人家的功夫，居然什麼把柄都沒被皇帝拿到，家裡不算窮，但肯定也不是貪官式的生活。所以後來德保回京覆命的時候，講了張廷玉很多好話。

但是後來皇帝不承認這件事，還解釋說：「我沒讓德保抄家，是他理解我的意思有點兒偏差。」但是皇帝心裡清楚，這事他還得收拾善後。怎麼收拾善後？他又下了一道諭旨，把張廷玉痛罵一通，然後說念在三朝老臣的份兒上，朕不跟你一般見識，讓你這老東西自生自滅，然後免予處分。

這道詔旨下了之後，張廷玉的難關才算是徹底結束。但是他此時已經一無所有了，生前的所有榮譽、身後的所有念想，都已經被追奪得乾乾淨淨了。就這樣，他又活了五年，終日默坐，不發一語，最終帶著完全落寞的心態死掉了。就像《紅樓夢》裡那句話：「落了片白茫茫大地真乾淨。」張廷玉為皇家死活打拚了五十年，就落得這樣一個下場。

「卿不死，孤不安」

張廷玉死了之後，乾隆皇帝來勁了，說你還是不錯的，我還是很想念你的，我這人特別宅心仁厚，賜你個謚號吧——「文和」，「配享太廟」是我老爹允下的，我哪能不給你？以前都是逗你玩呢！

乾隆皇帝這一套八卦拳打完了，他覺得自己仁至義盡，最後什麼都給張廷玉了，自己絕對是一個仁君。

這就是張廷玉的故事。這裡面誰是悲劇角色？乾隆皇帝壞嗎？乾隆皇帝才不壞，他一生只有一個目標，就是鞏固、加強屬於愛新覺羅家族的皇權。你以為他跟張廷玉玩心眼，就是貓逗老鼠逗著玩？不。做為一個皇帝，他要當家做主。

我們要知道，一個皇帝最大的敵人不是什麼農民起義軍，那要好幾百年才出一回，他最大的敵人是官僚集團。他是孤家寡人，臣子都是專業經理人，天天想著占他們家便宜，所以他最怕的就是大臣結黨。可是雍正留給他的班底，一個是鄂爾泰，一個是張廷玉，所有的滿人都阿附鄂爾泰，所有的漢人都攀緣張廷玉。即使他們倆沒有結黨的心思，也不能排除其他人要藉他們的意思跟皇帝玩博奕。怎麼辦？得把他們倆一手一個敲掉。

所以乾隆皇帝前十年敲掉了鄂爾泰，後十年又有意無意的挖一條溝，讓張廷玉這股水順著他挖的那條溝淌，一定要淌到他滿意的地方。什麼地方？就是名譽掃地的境地，讓一切想阿附、攀緣你的人發現，你這棵樹已經倒了。還是那句話：「既生瑜，何生亮？卿不死，孤不安。」你不倒臺，乾隆皇帝的位子怎麼能坐得安穩呢？所以這件事看似有很多偶然，包括張廷玉使的昏招，最後自己造成這個下場。但是實際上，從乾隆上臺那一天起，張廷玉的命運基本上就已經定下來了。

自由主義的反面

當然，我們不是要批判皇權社會的黑暗，這個故事給了我兩個啟發。很多朋友都問我：「『羅輯思維』一直在提倡自由主義，那什麼是自由主義？」

這個問題太難回答了，我可以寫好多條標準。因為按照自由主義的生活方式活著的人，千姿百態，每個人的活法都不一樣。能總結出一個共同的標準嗎？太難了。但是在張廷玉身上，我找到了自由主義的反面。有的時候就是這樣，如果沒法說清楚一件事物的定義，你就找到它的反面，說清楚它「不是什麼」。

在張廷玉晚年的官場經歷當中，我們能夠得到兩點啟發。第一點，張廷玉身處一樁完全沒法離婚的婚姻之中。張廷玉最後跟乾隆皇帝分手，說白了也不是離婚，只是分床睡。「我老了，陪不動你了，我能不能到那屋待著去？」但是在傳統的社會結構中，臣子所有的東西都是皇帝的，乾隆皇帝跟張廷玉博奕的內容是什麼？不是你能不能幹，不是你是不是清廉，而是你愛不愛我。當君權和臣子之間的博奕到了這一層的時候，皇權的鞏固已經到了無以復加的程度。

清朝以前，大臣和皇帝多少還有一層師友的關係，可是到了清朝，臣子就是奴才。什麼叫奴才？臣子的一切都是皇帝的，身體是皇帝的，體力是皇帝的，時間是皇帝的，包括情感都是皇帝的。所以乾隆皇帝非常在意的一點就是，「張廷玉好像不太愛我」，這也是他要搞張廷玉的一個原因。這是一樁沒法解除的婚姻，張廷玉和乾隆皇帝有點兒像兩個因為各種原因不能離婚的怨偶。我們都知道，無論是愛還是被愛都無度的時候，都是對愛最大的毀傷，這是最敗壞愛情的一種方式。

但是沒辦法，傳統社會就是這樣，你沒有獨立生存的能力，你所有的東西都是皇家給的，你們是完全在一起的，他就是正面，你就是反面，掰不開。當兩個人的生命掰不開的時候，這段婚姻就了結不了，想擁有幸福生活就是不可能的。

所以很多女人在丈夫出軌之後，心裡不舒服，就跟丈夫鬧。她們為什麼要鬧？因為她們沒有獨立的生活，覺得男人負了自己。很多女孩子在論壇裡問：「什麼時候跟男朋友上床合適？」因為她覺得，我跟你做了這一步，這輩子都是你的了，而你就是欠我的，我就不是我了，我們倆就是一體了。

用這種方式去看待愛情、婚姻和生活，是最為糟糕的一種方式。在你放棄自己立身的根基，將自己的生存依附於他人賞賜的時候，就沒有自由主義了——有沒有皇帝都一樣。

第二點，就是人不能有妄念。專欄作家馮唐曾經為妄念下過一個定義：「妄念就是一個自己揮之不去，但又必須靠他人才能夠實現的願望。」我在微博上轉發過這個定義，《二十一世紀商業評論》執行主編吳伯凡老師回覆說：「這是我見過對『妄念』最好的定義。」

張廷玉一輩子不求身外之物，不要名，不要利，最後毀在哪兒？毀在「配享太廟」。他還是沒想到，千秋萬代之後，連溥儀都不能住在紫禁城裡了，自己憑什麼「配享太廟」？他一生都在追求一個身外的目標，並且用這個目標來殘害自己的生命，像個雜技演員戰戰兢兢走鋼絲一樣平穩度過了一生，最後卻被這個妄念給害死了。

這讓我想起了中國武術當中的一個基本動作，就是「扎馬步」。扎馬步只有兩個動作要領，第一，扎穩底盤。你得有自己的生活和價值源頭，自己要有和他人協作產生財富的方式。第二，意守丹田。所有的東西都不在身外，身外之物沒什麼可追求的，我一切的行為、一切奮勇的追求，都是為了我自己的成長，為了自己的人格健全。

所以，什麼是自由主義？從張廷玉這個反面案例中，我們可以得出兩個結論：第一，根底扎實，有自己的立命之處；第二，意守丹田，永遠不向外追逐妄念。

02 成大事者不糾結——曾國藩

十年前我讀過一本書，叫《戰天京》。天京是太平天國的首都，也就是如今的南京。是誰在戰天京呢？是以曾國藩為首的一幫晚清中興名臣。

這本書替我打通了對那個時代的感覺。我個人對太平天國史（包括晚清史）感興趣，是大學時候的事情。但是，自從十年前讀完了這本書之後，我突然對那個時代以及生活在那個時代的人，有了一種親近感。

這本書將正史和野史雜糅在一起，引用了大量的奏章、書信，用一種非常輕鬆的筆調，來描寫當時各式各樣的人際關係，非常好看。

而這本書裡的靈魂人物就是曾國藩。曾國藩做為一個中興名臣，就是把大清王朝從生死線上拉回來的那個人。

中興這件事，是歷朝歷代都曾夢想過的，因為王二小過年——一年不如一年，誰不想有個人給自己打一針興奮劑，讓這個王朝又振奮起來呢？

但是中國古代每一次王朝中興，都不是很理想。比如說著名的光武中興，光武帝就是東漢的開國皇帝劉秀。但是這算中興嗎？劉秀基本上就是重新建立了一個王朝。南宋也號稱中興，但事實上只是在南方站穩了腳跟而已。

中國歷史上唯一一次真正的中興，其實就是晚清這一次。當時清朝就快要滅亡了，內憂外患，兩次鴉片戰爭加上太平天國、捻軍以及西北的大規模叛亂，都讓帝國元氣大傷。

可是，以曾國藩為首的一幫人突然如天神般出現，不僅拯救朝廷於水火，後來又讓這個國家硬硬朗朗的活了好幾十年。這件事情到底是怎麼發生的？

太平天國是如何滾雪球的？

太平天國運動是中國古代最重要也最典型的一次農民戰爭。我們通常看農民戰爭，都覺得大概是這樣一個過程：地主階級殘酷壓迫，農民階級實在吃不飽飯了，有人振臂一呼，於是大家揭竿而起，然後蔓延至全國。

但是，如果僅僅是因為饑餓而引發的民變，很容易就被鎮壓下去。因為老百姓畢竟不是職業軍人，怎麼能對抗得了朝廷的軍隊呢？所以，要想達到太平天國那樣的水準，至少需要兩個要件。

第一個要件，就是「組織化資源」。因為中國是農耕社會，大家住得很分散。如果有人想要登高一呼，聚集一支隊伍，會選擇站在哪兒呢？總不能站在村口的老槐樹下招呼吧？那又能呼出幾個人呢？

組織化資源中最厲害的一種就是「宗教」。東漢末年的黃巾軍，就是借助了太平道這種宗教的力量，所以才能聚集那麼多人，「蒼天已死，黃天當立，歲在甲子，天下大吉」，然後在甲子年（一八四年）爆發了戰爭。太平天國也是一樣，洪秀全就是掌握了拜上帝會這個組織化工具。

當然，僅有這個要件是不夠的，因為如果僅僅是把縣城打下來，把府庫裡的糧食分掉，那吃飽了以後，誰還有動力繼續造反呢？

所以，第二個要件就是「流動化的作戰」。曾國藩講過一句話：「軍無糧則必擾民，民無糧則必從賊，賊無糧則必變流賊，而天下無了日矣。」

意思就是，一支軍隊沒有糧食供給，就會向百姓徵糧，把當地的糧徵完以後，老百姓吃什麼？沒辦法，只好跟著大軍走，去搶下一個地方的糧。下一個地方的糧食也被搶光了，怎麼辦？只好去搶下下個地方。所以這就演變成了流動作戰，從而導致天下靡爛。

無論是黃巾軍、黃巢軍、明末農民戰爭，還是太平天國運動，都有這個特徵。

一八五一年一月十一日，這一天是洪秀全的生日，當時他三十八歲，藉著自己做壽，聚起了拜上帝會會眾二萬人，然後揭竿而起，這就是歷史上著名的「金田村起事」。

一開始洪軍雖然只有二萬人，而廣西當時大概有三萬綠營兵，從鄰省又借來幾萬人，但還是迅速就被打敗了。軍隊一路北上，等到把武昌拿下來的時候，已經有五十萬人了。洪秀全從武昌打到南京用了多長時間呢？一個多月。這就是連續的滾雪球效應，也是我們剛才講的那個機制帶來的效果。這種勢如破竹的勢頭實在是太可怕了。

曾國藩復出後的困境

一八五三年三月，洪秀全打下南京之後，已經有實力北伐，往北一直打到了直隸，距離北京城其實已經不遠了。太平軍不僅北伐，還要西征，洪秀全派兵往長江上游打，先後攻下安慶、九江、武昌等地。清王朝此時實在是應對乏術。

但是後來太平天國自亂陣腳，給了清王朝喘息的機會，這就是「天京事變」。洪秀全、楊秀清、韋昌輝、石達開等人發生內訌，打成了一團。清政府趁著這個機會，立即重建江北大營和江南大營。

但清政府萬萬沒想到的是，太平天國後期湧現的將領，如：李秀成、陳玉成、楊輔清、李世賢這些人更厲害，打運動戰的時候經常取得大捷，太平天國一點衰敗的趨勢都看不出來。當然，太平天國在戰略上是有問題的，其中「死守天京」就是一個致命的問題。但是從戰場上的趨勢來看，太平天國一點都不軟弱。

當時的兩江總督何桂清縮在常州一地，江南大營被擊破後，馬上一溜煙奔到上海，躲進租界。當時有些常州士紳抱著他的大腿不讓他走，他還派衛隊開槍打死了十九個人。

清朝從建立起就有一個規矩，地方官守土有責，如果地方丟了，你還活著，那就是抄家滅門的罪。所以何桂清明知道自己走也是死，留也是死，他依然選擇了走，這說明什麼？說明當時清廷的主流官員已經沒有鬥志了。

這大概是一八六〇年前後的事情，曾國藩在這時第二次出山。此次出山，他重新調整了心態，心胸變大了許多，待人接物也和善了很多。但問題是，光心胸大有什麼用？戰場上都是一刀一槍的事情。

曾國藩復出之後，面臨的處境十分艱難。一般來說，打仗至少需要三樣東西，第一得有權，第二得有錢，第三得有人。這些都是資源，是在戰場上必須要用到的東西。

在權力這方面，曾國藩要來要去，終於要到了一個兩江總督，就是去接替何桂清，但是他這個兩江總督比較可憐。

歷朝歷代的中興名臣，往往都是被國家賦予了大權的，比如說郭子儀，他是唐代的中興名臣，安史之亂就是他平定的。他的官當得有多大呢？司徒、尚書右僕射、中書門下平章事——相當於既是軍隊的最高總司令，又是宰相。

可是曾國藩呢？他表面上是一個兩江總督，可以節制四個省的軍事，實際上誰聽他的呢？連他自己培養出來的人都不怎麼聽他的。比如說，他舉薦左宗棠到浙江當巡撫，可是左宗棠去了浙江之後，立即翻臉不認人，要錢要餉，門兒都沒有，我要專心搞我自己的那一套。

曾國藩還大力提攜了一個叫沈葆楨的人，把他安排到江西巡撫的位置。在當時兩江的轄區內，江蘇和安徽基本上都是戰區，所以這兩地的稅收是指望不上的，唯一能徵稅的就是江西。但沈葆楨到了江西之後，就翻臉不認曾國藩了，他不僅扣留湘軍的餉銀，還總是跟皇上講：「能不能不支持曾國藩？」

所以，當時曾國藩沒有太大的權力。

曾國藩在錢的方面也是非常侷促。通常中興名臣在錢上是不用太操心的，比如說南宋的岳飛，宋高宗當時就對其許下一條：甭管多難，就算皇帝勒緊褲腰帶，也一定要保證岳飛的軍餉。

但是，清朝的財富體制決定了曾國藩得不到這樣的支持。清朝有一項規矩，叫「永不加賦」，所以國家的財政收入相對比較固定，每年就那麼多。道光末年的時候，國庫裡面還有八百萬兩，到了咸豐年間，只剩二十萬兩。用二十萬兩紋銀維持這麼大一個國家，已是不易，要再給前線撥軍餉，幾乎毫無可能。

那怎麼辦呢？只能允許捐官，也就是賣官鬻爵。可是天下的紅頂子總是有限的，實在沒辦法，清朝就讓各地開放「釐金」。釐金簡單來說就是收商業稅。商人送一擔貨要過某個關卡，對不起，抽1%的稅。曾國藩後來就是靠收一點釐金來過日子，經常捉襟見肘。

最後一個因素，就是人。曾國藩做為中興名臣，總得有自己的一批班底吧？可是曾國藩在這方面也遇到了困境。他原來的老班底已經凋零殆盡，塔齊布、羅澤南，以及他的親弟弟曾國華，這時候都已經戰死了。原來對他支持力道最大的胡林翼這個時候也死了，所以他幾乎是舉目無助。

我們再來看曾國藩這個人，他年輕的時候是以理學自命的，在北京城當京官，天天跟倭仁這些晚清著名的保守派混在一起，談心性之道，論經史子集，根本沒有碰過什麼兵書戰策。

晚清最會帶兵打仗的左宗棠看不上曾國藩的軍事才能。《戰天京》寫到一個故事，有一次左宗棠給自己的兒子寫信，說：「我跟曾國藩關係特別好，但是這個人沒什麼本事，終非戡亂之人。」

曾國藩自己也講：「我有滅賊之志，但無用兵之才。」

當時著名的文人王闓運，寫了一本書叫《湘軍志》，就是把曾國藩帶兵打仗的事寫成了一本書。這本書寫出來之後，湘軍的將領都不認同，因為在這本書裡面，湘軍幾乎沒打過漂亮仗。哪個中興名臣沒有以少勝多的經典戰役？可是在曾國藩剿滅太平天國的過程當中，還真的沒有能夠擺得上檯面的戰例，這也好奇怪。

所以著名的史學家蕭一山就說：「曾國藩一生的事業成功，完全來自於學問。」這句話就大有文章，就是說曾國藩的成功不是來自於他的才情，不是來自於他臨場發揮的智慧，而是來自於他的學問。那麼他到底有什麼學問呢？

六字心法打天下：「結硬寨，打呆仗」

曾國藩一生打仗講六個字，叫「結硬寨，打呆仗」，就是把軍營紮得非常硬，打仗時要擺出一副堅若磐石的姿態。

曾國藩帶兵打仗有一個規矩，他到任何地方安營紮寨之後，不管當時是颳風、下雨，首先命令士兵們挖掘戰壕。這壕要挖多深？大概兩公尺，比一個人還要高。而且要築牆，牆要築到八尺高，牆外還要再挖一道溝，保證把這個營盤護住不失。

曾國藩包圍城池的時候，用的也是這一招，動不動就挖幾十里長的戰壕。而且一道不夠，通常是六道，就像北京城一樣，一環、二環、三環、四環、五環、六環。所以湘軍簡直就不像一支戰鬥部隊，更像是一支工兵部隊。

一般打仗，講究的是運動戰，不爭一城一池之得失。但湘軍不是這樣，就是一個城池、一個城池往下打，這就導致行軍速度特別慢，因為他們要挖溝、築牆。這種打法顯得特別笨——要不怎麼叫「結硬寨，打呆仗」呢？

左宗棠有的時候就說曾國藩用兵「每苦鈍滯」，就是說他經常苦於遲鈍和不靈活，明明有戰機他不抓，就在那兒挖溝築牆。曾國藩也有自己的道理：「我承認我笨，我承認我不會用兵，但是我用這種方法也沒有什麼錯誤。」而且曾國藩特別討厭他手下的將領「浪戰」，就是動不動就出去跟人打仗。

曾國藩有一個好基友叫李元度，這個人跟他是老鄉，從一開始出山的時候就陪著他。有一次曾國藩戰敗要跳水自殺，就是李元度拚命將他抱住，然後還費盡唇舌平復他的心情，勸解他要禁得起敗仗。曾國藩第二次出山的時候，李元度繼續跟著他。兩個人平時還以詩文相會，後來甚至結成了兒女親家。

有一次曾國藩派李元度去徽州守城。李元度去之前，曾國藩就反覆告誡他：「不要打仗，你給我死死把城守住就好。」

李元度去了之後，一看局勢，覺得跟太平軍打仗還是有幾分勝算的，就開打了。結果大敗，然後死守徽州城。

這時候曾國藩寫信給他說：「你給我守上六天，六天後援兵就到。」李元度又不聽，出城跟侍王李世賢大戰了一場，結果把徽州給丟了。

曾國藩氣得要死，要彈劾他，要撤銷他一切職務。曾國藩周圍所有的人都來勸他，說不要彈劾，這是自己人。李鴻章也因為這件事情跟曾國藩翻了臉。可曾國藩還是堅持要彈劾。

由此可見，曾國藩對他的戰略是如何的堅持：「既然我不會打仗，那我就先確保自己不會輸，這在兵法上叫『以己之不可勝，以待敵之可勝』。反正你打不贏我，你輸不輸，咱倆再找機會對決。」

民間有一個傳說，說曾國藩是一個蟒蛇精。這話是怎麼來的呢？因為曾國藩小時候得了一種皮膚病，經常撓得皮屑撒一地。所以有人就說他是蟒蛇精轉世，這是在蛻皮。

我覺得「蟒蛇精」這個比喻用在曾國藩的身上，也真是不冤枉他。他從不跟敵人搞什麼精采的決鬥技法，就像一條蟒蛇一樣，一點一點的把敵人給箍死。曾國藩的弟弟曾國荃有一個外號，叫曾鐵桶，就是形容他總把城圍得像鐵桶一般。而曾國藩最後真的就把太平天國給箍死了。

處理人際關係：就事論事

曾國藩處理人際關係的邏輯和他打仗的邏輯是一樣的，也是「結硬寨，打呆仗」。

一個人想要成就一番大事業，他面對的對手又何止是敵人呢？其實很多表面上跟你在同一個陣線裡的隊友，有豬一般的隊友，有狼一般的隊友，有隨時準備捅你刀子的隊友，還有隨時防著你的隊友，這些人都是你成就大事過程當中的對手。

按照常理，曾國藩在前線打仗，慈禧太后應該支持他吧？支持沒問題。問題是，當天京打下來之後，曾國藩手握幾十萬湘軍，而且全是他的子弟兵，只認曾大帥，不認朝廷，朝廷能放心嗎？

原本咸豐皇帝曾說過：「誰打下太平天國，我就封他一個王爵。」後來沒有兌現，就是為了防範曾國藩，只封了他一個一等毅勇侯，連公爵都沒有給他。

曾國藩身邊的戰友，左宗棠、沈葆楨、李鴻章，甚至包括他的親弟弟曾國荃，都經常在他背後捅刀子。

再比如說他迎聘的幕僚們，按理說應該跟自己同生共死，但現實往往是大難來時，樹倒猢猻散。《戰天京》裡面就講到一個細節，曾國藩在祁門設立大營的時候，《湘軍志》的作者王闓運就在營中。當時太平天國的軍隊將祁門大營四面圍住，猛烈攻打，情況非常之危急。

有一天晚上，曾國藩派僕人去看王闓運在幹什麼。僕人回來說他老人家在讀《漢書》，夜半時分，點燈熬油，繼續用功。

曾國藩說：「你再去看看他的僕人在幹什麼。」一會兒僕人回報說：「他的僕人正在收拾行李。」曾國藩說：「我就說嘛！像王闓運這樣的經學大家，《漢書》早就背得滾瓜爛熟了，怎麼還會在這麼緊急的時候讀《漢書》呢？他這是假裝鎮定，等著僕人收拾好行李好開溜呢！」

歷史上很多成就了一番事業的大人物，在本質上都是孤獨的，誰都靠不住——即使是那些親如手足的人。

歐洲的拿破崙也是如此，在他稱霸歐洲的時候，把自己的兄弟一一分封在各個國家當國王，以至於荷蘭、西班牙、義大利國王都是他的兄弟，遍及歐洲。可是等到拿破崙和英國人、俄國人對決的時候，這幫兄弟幫他了嗎？沒有。他們不僅袖手旁觀，甚至還為了一點點蠅頭小利，繼續跟英國人做生意。

當一個人要做大事，而身邊所有人都要應付時，那該怎麼辦呢？在讀完《戰天京》這本書之後，我覺得曾國藩的心法仍然是剛才講的那六個字：「結硬寨，打呆仗。」

曾國藩剿滅了太平天國，然後又忙著跟捻軍作戰。緊接著在一八七〇年，天津出了一件特別棘手的事情。

當時很多外國傳教士到中國傳教，他們也會做一些慈善工作，比如收留一些無家可歸的兒童。很多地痞流氓聽說外國人收留兒童，就到處拐孩子，然後賣給教堂，這也是一樁發財的生意。

當時國人普遍具有排外情緒，再加上民智未開，很多老百姓並不理解傳教士的做法，傳言西洋人是要用幼兒的眼珠子、腦子做藥引子。當時教堂還有一個功能，就是替人看病；但西醫跟中國人的觀念差距太大，所以很多人就衝到教堂裡，要看看到底是怎麼回事。

當時法國駐天津的領事叫豐大業，這個人的脾氣特別暴躁。他聽說這件事後，就去找天津的知縣算帳，然後一言不合，就掏槍把知縣的一個隨從（也有人說是知縣的兒子）給打傷了。

這是在大庭廣眾之下發生的事情，老百姓不爽了，當場就把豐大業打死了，然後衝到教堂裡見人就殺。一些法國的外交官，還有一些神父、修女都被殺害，這次事件還波及其他國家，有幾個俄羅斯人也被殺害，最後老百姓一把火將教堂和法國領事館都燒了。

從國際外交的道理上講，這是中國人的不對。但是當時的輿論認為，我們這些子民還是挺棒的，老外欺負我們這麼多年，終於可以出口惡氣了。

所以，怎麼處理這樁天津教案，就成了一個天大的難題。當時朝廷把曾國藩調任直隸總督，要讓他處理天津教案。

一方面是國內的輿論壓力，誰要是偏向洋人，誰就是漢奸，肯定會遺臭萬年；另一方面洋人也不是吃素的，當時法國人已經把軍艦開到大沽口了。做為一個負責任的大臣，如果不跟洋人妥協，不做出適當的處理，就是對國家不負責任。這道難題就擺在了曾國藩的面前。

曾國藩是怎麼處理的呢？我們今天再來看，會發現他其實處理得很簡單，分三步。

第一步，誰殺的人？誰殺人就是誰犯法，抓起來就得殺頭。後來一調查，有十幾個人衝進教堂裡殺了人，全部抓起來砍了。

第二步，這次事件不是波及其他國家嗎？其他國家的大使、領事、外交官也別圍著我鬧，你們說我們該賠多少，我們就賠多少。最後總共賠了四十五萬兩銀子。

最後輪到了苦最深、仇最大的法國人。中國人不是把他們的領事豐大業殺了嗎？我們單獨再跟法國談判。這就到了第三步。

你們說外交官被殺了有辱國體，那麼我們道歉。是誰縱容這些人殺外交官呢？當時在天津的通商大臣崇厚。既然崇厚沒處理好這件事，就要代表中國政府到法國去賠禮、道歉。

當時在法國當政的也是著名的政治人物，叫梯也爾。梯也爾接見了崇厚，只講了一句話：「既然你們處理成這樣，我們也亮出底牌，我們並不是要中國人的頭顱，只是要相應的秩序和國家之間交往的正常禮節。」

處理這次事件的過程，其實就體現了四個字：「就事論事。」你不要以為這個事情很簡單，我們一般人處理不好人際關係，往往就是因為欠缺就事論事的能力。

總防範別人，自己先犯錯

清代歷史上，誅殺顧命大臣的事件只有兩次。第一次是清初康熙爺擒鼇拜，第二次是慈安、慈禧串通恭親王奕訢誅殺肅順，發動「辛酉政變」。

咸豐皇帝死的時候，小皇帝同治尚且年幼，慈安、慈禧倆太后年紀輕輕，又是婦道人家，所以咸豐皇帝事先把身後的政局安排得非常好。他安排了以載垣、端華、肅順等人為首的八個顧命大臣，將朝廷所有的日常行政事務都交給他們處理，但是皇家也保留最後的否決權。

咸豐皇帝把自己的兩枚印章分別給了兩個太后，一枚叫御賞印，給了慈安；另一枚叫同道堂印，給了慈禧。

當時朝廷的公文下發流程是這樣的：所有要下發的諭旨最後都要讓太后過目，太后覺得不行就行使否決權；如果覺得沒問題，慈安太后就在諭旨開頭蓋下御賞印，慈禧太后在諭旨末尾蓋下同道堂印，這樣一頭一尾，就算是皇家同意了。

按理說這個體制沒有問題，可以照此運行。但是肅順不這樣想，他一直擔心這倆太后要奪他的權，甚至在咸豐皇帝還沒死的時候，他就建議：「你把這倆寡婦留在世上，恐怕對國家不利，你要不要學學漢武帝，行鉤弋之事？」

什麼叫鉤弋之事？漢武帝臨死的時候，覺得兒子年幼，他媽媽鉤弋夫人還很年輕，萬一將來勾搭上外面的男人，那劉家的江山不就完了？所以就把小皇帝的媽媽鉤弋夫人殺了。

肅順一開始就對慈禧相當顧忌，想讓咸豐皇帝把慈禧宰了算了，可惜沒能如願。咸豐皇帝死後，他愈來愈擔心。

當時有一個叫董元醇的御史，上了一道摺子，提議請太后出來垂簾聽政，並且讓恭親王也加入執政隊伍。

這時候肅順如果心裡沒什麼的話，其實完全不用搭理他，把他當個屁放了就算了。

但是肅順如臨大敵，他擔心這個人萬一挑動了太后們的心思，真要垂簾聽政怎麼辦？所以他草擬了一道諭旨，用非常嚴厲的話批判了董元醇，然後拿到太后那兒蓋章。

但兩宮太后拒絕蓋章，她們覺得沒有必要在回北京之前，就把這樣的爭執暴露出來，這道摺子就不要發了。按照當時的術語，叫「淹了」或「留中不發」。肅順當然不服了，他的小狗腿子、另外一個顧命大臣端華，就跑到太后那兒去吵，聲震屋宇，把小皇帝都嚇哭了，而且還尿了。即使如此，兩宮太后依然堅持不發。於是八大顧命大臣就「罷職擱車」，意思是只要妳們不發這道諭旨，我們就罷工，愛怎樣就怎樣。

太后們一看，也沒辦法，只好同意了。但問題是，這個仇就此結下了。還有另外一件事情，哥哥死了，做為弟弟，於情於理，恭親王奕訢都該到避暑山莊去奔個喪。可是八位顧命大臣特別緊張，擔心他和兩宮太后串通密謀，一直不讓他們見面。後來據宣統皇帝溥儀講，當時恭親王奕訢扮成薩滿，見了兩宮太后，密謀如何把這八個人幹掉。所以，在兩宮太后扶著咸豐皇帝的靈柩回京的路上，奕訢就派兵把八大臣抓了。回到北京之後，兩宮太后當著所有大臣的面大哭一場，聲淚俱下的說：「我們孤兒寡母，受了這幫奸賊的迫害，大家說應該怎麼辦？」大家都說宰了他們，於是慈禧太后就把這幫人宰了。這就是歷史上著名的「辛酉政變」。

我們仔細分析一下這個過程，就會發現肅順也是自尋死路。因為肅順這個人是一個能臣，他經常掛在口頭上的一句話就是：「我們旗人都是渾蛋，一定要重用漢人。像曾國藩這種人，一定要重用。」有一次咸豐皇帝要殺左宗棠，肅順還設法營救，可見他是一個明白人。

明白人為什麼會犯下這樣的大錯呢？很簡單，不會「就事論事」。他總是在想：「別人會對我怎麼看？兩宮太后會不會奪我的權？如果要奪我的權，我應該怎麼防範？」說白了，就是他想多了。

一想多，他的行為就會變形；行為一變形，對方心裡就會結疙瘩；對方心裡結了疙瘩，對方的行為也會變形，最後雙方自然而然就產生了衝突。

如果肅順能夠學學曾國藩就好了，「結硬寨，打呆仗」，遇到什麼事都不管周邊的因素，先看這事該怎麼處理。董元醇上摺子不對，把他駁了就完了，跟太后較什麼勁呢？奕訢跑來奔喪，就讓他見，你攔什麼呢？正是因為肅順在防範別人的時候，自己掉到了一個大坑裡，最後才會身家性命不保。

其實，我們普通人在處理人際關係的時候，也經常會犯這樣的錯誤。還記得俄國作家契訶夫寫的那篇著名的小說《小公務員之死》嗎？主人公是怎麼死的？被將軍嚇死的。將軍真要處理他嗎？沒有，他不就是在戲院看戲的時候，把唾沫星子濺到了將軍的光頭上嗎？他老是擔心將軍要對他怎麼樣，最後把自己活活嚇死了。這就是一種糾結。

還有另外一種糾結——為了防範別人而做出過度的反應。《呂氏春秋》裡面就講了這樣一個故事：越王有四個兒子，有個奸臣陷害他們，說這個兒子要造反，那個兒子要造反。越王就先殺了一個，又殺了一個，然後再殺了一個。等到奸臣想要陷害第四個兒子的時候，越王已經不信了，自己只剩下這一個兒子了，他還能造反嗎？但是越王沒想到，他的兒子不這麼想。他的兒子想：「奸臣一陷害，你就把我的三個哥哥砍了，這個時候我還能保得住命嗎？」最後真的就造反，把越王殺了。越王臨死的時候後悔萬分，早知道就把這最小的兒子也宰了。

這就是人際關係當中的互動博奕，當你總在防範別人會怎麼樣的時候，你的行為、你的判斷就一定是錯誤的。

破糾結最好的法門：專注於當下

我想透過《戰天京》這本書裡描述的故事，還有曾國藩這個人，來破解一個話題：兩難中的糾結。

很多人在日常生活當中都會遇到兩難。舉個例子，有朋友找你借錢，你捨不得，可是又怕得罪他，這不就糾結了嗎？在這種情況下，仔細分析一下你糾結的具體事情，馬上就能捕捉到原因——你是把未來可能發生的兩個衝突的結果，放到了現在。其實，只要你往前走，你會發現根本沒有衝突。這話怎麼理解？我們舉一個簡單的例子。

有一個朋友在網上問我說，最近與一個女孩網戀，但是父母堅決反對。他要是跟女孩在一起，就是對父母不孝；要是跟父母在一起，又斷送了一段美好的愛情，所以很糾結，這該怎麼辦？

我說很簡單，該愛這個女孩你就去愛，該結婚就結婚；同時，該孝順父母，你就孝順父母，哪有父母會一輩子記恨子女的？只是你把未來可能發生的事情調到了現在，所以才讓它產生了衝突。

因此，「專注於當下」就是破糾結最好的法門。

我自己為人處世其實就是這樣。我這個人有點直，說得不好聽一點兒，就是個「二杆子」（急躁、魯莽的人）。二杆子一定不好嗎？不見得。比如說遇到事情的時候，我該發火就發火，然後該跟別人好就跟別人好。時間一長，別人就知道我是這樣的性格，誰也不會把我當壞人來看，還會覺得我表裡如一，跟我交往的時候不需要耍什麼心眼，這反而成了一件好事。

這套心法我是從哪兒學來的呢？我是透過觀察我一個同學認識到的。我這個同學在一個很大的機構裡工作，那裡面人際關係非常複雜。但是他有一個特點，就是他的政治敏感度幾乎為零，我總說他的「政商」為零。他對很多人的陰謀詭計完全無感，看見就跟沒看見一樣。但是他專注於自己的業務，在業務上非常棒。這樣一個人，最後反而成了那個環境裡面的最後贏家，現在官還當得挺大。

從他的身上，我就得出了一個結論：為人處世切忌「目光遠大」，一定要「鼠目寸光」，把眼下該辦的事辦好。這樣所有的衝突，都會在你往前走的過程當中自然化解掉。

一個「誠」字走天下

曾國藩用的其實也是這樣一套心法。有個字在古代儒家的修身當中非常重要，就是誠懇的「誠」字。李鴻章在晚年回顧自己一生的時候就說：「我的老師曾國藩，教我最重要的就是這個『誠』字，這真的是讓我受益無窮。」

曾國藩曾經問李鴻章：「你跟外國人打交道，打算用什麼方法？」李鴻章說：「我跟他們打痞子腔，跟他們耍無賴。」

曾國藩說：「不好，你要跟他們用一個『誠』字，不管是外國人還是中國人都是人，人都講道理。只要你用一個『誠』字，該怎樣就怎樣，對方就不會欺負你；即使他欺負你，那也只是實力差距帶來的正常結果，總比你耍無賴、使巧計，最後吃一個大大的暗虧要好得多，對誰我們都應該秉承一個『誠』字。」

在人際關係的處理過程當中，經常就是這樣的。《戰天京》這本書裡還寫到一個例子——同治九年（一八七〇年），兩江總督馬新貽遇刺，這就是晚清史上著名的「刺馬案」。慈禧懷疑是曾國藩和他的湘軍幹的，於是把他叫來，陰陽怪氣的問：「此事甚奇呀！」

曾國藩回答得非常簡單：「我也覺得此事甚奇。」一個字也不多說，完全不跟老佛爺辯解。老佛爺拿他一點兒辦法都沒有。

另外一個例子，朝廷要封曾國藩的弟弟曾國荃一個官，曾國荃嫌小，就打算擺爛，給朝廷上了一個表章，要求再給自己降級。曾國藩勸他不要這樣，說慈禧、恭親王奕訢都是明白人，千萬不要跟老中醫玩偏方。何必呢？跟明白人不要幹這種事。

再比如說，左宗棠經常在背後捅曾國藩刀子，曾國藩的處理方式也非常簡單，該解釋這件事就解釋這件事，過後我全當沒發生過；該幫你左宗棠的時候，我還是要幫你。

這就是曾國藩為人處世的準則，也就回到了我前面講的那個貶義詞——「鼠目寸光」。我就處理眼下這一件事，處理好了，不考慮周邊的第二層、第三層博奕關係，這反而是在亂局中、變局中最最聰明的方法。

有一則禪宗故事，有個小和尚問老和尚：「師父，你年輕的時候都幹些什麼呀？」

師父說：「我就是砍柴、挑水、做飯。」

小和尚問：「那你得道開悟之後，都幹些什麼呀？」

師父說：「我還是砍柴、挑水、做飯。」

小和尚問：「那有什麼區別呢？你活了一輩子也沒什麼進步啊？」

老和尚說：「不對，有進步。我年輕的時候是砍柴的時候想著挑水，挑水的時候想著做飯。現在呢，我開悟了，我現在砍柴的時候就砍柴，挑水的時候就挑水，做飯的時候就做飯。」

人的境界差距就是這麼一點兒。我們如果在地上畫一道半公尺寬、五公尺長的通道，你走過去完全沒有問題。可是如果這條通道兩旁是懸崖，你還能走過去嗎？你就會怕得要命。

為什麼會怕得要命？因為你會想到未來，向左一步會掉下去，向右一步也會掉下去。其實是你想多了，如果你沒想兩邊，半公尺的寬度足夠你走很長的距離，完全不會掉下去。

為什麼有的人做事那麼順呢？往往就是他專注於當下，沒想太多。

最後，我再給大家講兩句我聽來的話。

第一句，仍然來自於曾國藩：「未來不迎，當時不雜，過往不戀。」這就是說，未來發生的事情，我根本就不迎上去想它；當下正在做的事情，不讓它雜亂，要做什麼就專心做什麼；當這件事情過去了，我絕不留戀它。

第二句，來自於我師兄劉春，就是微博上非常著名的劉春。他曾經也在一個人際關係非常複雜的大機構中工作，我就問他怎麼處理這些複雜的關係。當時劉春師兄跟我講了十六個字的箴言，我一直記到了今天。哪十六個字？「不問是非，埋頭業務，屁股乾淨，盡力協調。」

如果一個人真能做到這一點，不管他處於什麼樣的處境，幹什麼樣的工作，即使做不出像曾國藩那樣的事業，我想他的人生也一定會立於不敗之地。

不知道讀完這些故事以後，你會得出什麼結論？

第二章

除了你自己，沒人靠得住

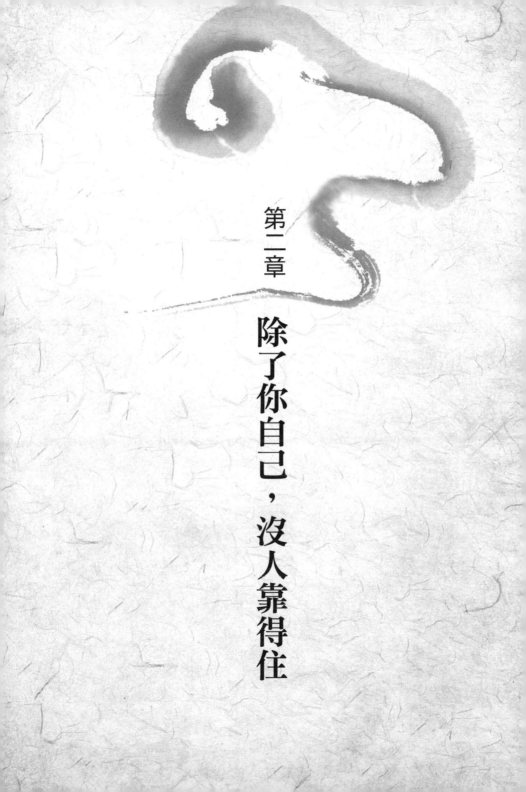

03 別被過去綁架——拿破崙三世

這幾年有一個詞很熱門，就是「大國崛起」。這是多好的一個詞，聽著就高興，可是當我們歷史讀得多了，心就會涼掉半截。為什麼？因為自從全球秩序建立起來之後，老二挑戰老大，完成大國崛起的，好像還沒有先例。

有人說，美國挑戰英國，接過霸主地位，這不是先例嗎？這還真不能算一個典型的挑戰，因為大部分英國人和美國人都是盎格魯—撒克遜人後裔，人家是一個文化譜系裡的，他們之間繼承的意味遠遠大於挑戰的意味。

也有人說只要老二跟老大搞好關係，跟著老大的戰略走，一定就有好果子吃，一定就能順理成章的完成大國崛起，其實也未必。我下面要講的就是一個例子。

含著金湯匙出生的小王子

這個故事的主人公赫赫有名，他叫拿破崙三世，法國第二共和國的總統，後來變成法蘭西第二帝國的皇帝。這個人跟我們熟知的拿破崙一世，是侄子和伯父的關係，他爸是拿破崙的弟弟路易．波拿巴，被封在荷蘭當國王，所以他是含著金湯匙出生的。他出生於一八〇八年，那一年是什麼情況？

拿破崙一世是一七九九年上臺的，一八〇四年被加冕為法蘭西第一帝國的皇帝，一直到一八一二年被俄國打敗，他才算遭到了第一次真正的失敗。所以，一八〇八年正是他如日中天的時代。

我們要理解拿破崙三世這個人物，可以參照一下《紅樓夢》裡的賈寶玉，賈府因為宮裡有人，所以賈寶玉每天過著奢靡的貴公子生活。拿破崙三世出生時的家庭狀況也差不多，可是好日子並不長。一八一五年他的伯父拿破崙復辟，但三個月之後就兵敗滑鐵盧，然後再次被流放，這就是法國歷史上的「百日王朝」。

我們要知道，拿破崙兩次被流放，境遇是不一樣的。第一次他是被流放到厄爾巴島，厄爾巴島在地中海，是義大利的第三大島，僅次於西西里島和薩丁尼亞島。而且厄爾巴島距離科西嘉島非常近，基本上算是拿破崙的半個故鄉，氣候非常好，水草也很豐美，現在還是義大利的度假勝地。

在當時，表面上拿破崙是被流放了，其實是拿破崙跟當時的歐洲列強——反法聯盟簽訂了一個「楓丹白露條約」，約定拿破崙必須退位，但是歐洲列強們得給他一些好處。

第一，拿破崙終身保留皇帝稱號，還可以保留一支幾千人的軍隊和一些官員。所以，拿破崙到厄爾巴島，相當於是去當個小領主。

第二，反法聯盟每年要給拿破崙二百萬法郎的津貼。這就相當於給了他一筆養老金。所以，對拿破崙來說，被流放到厄爾巴島這個待遇還是比較優厚的。

可是一八一五年的情況就不一樣了，這次他是被英國人押送去的，流放地叫聖赫勒拿島。這個島是南大西洋當中的一個小島，是當時英國的殖民地，根本就無人居住。而且這個島距離法國本土，可以說是「每依北斗望京華」。拿破崙在這個島上面的生活非常糟糕，據說他臨死的時候要求喝一杯咖啡，居然都沒有得到滿足。這次他能帶什麼人去呢？一個醫生、三個官員、十幾個僕人，大概就這些。這三個官員中有一個據說還是因為躲債不得不去的。所以，拿破崙家族實際上在一八一五年就徹底敗落了。

流離失所的「四有青年」

這自然也影響到了拿破崙三世，他當時還只是一個七歲小孩，就不得不跟著他的母親在歐洲流亡。可是，歐洲什麼地方能容得下他們呢？神聖同盟的俄國、奧地利、普魯士肯定是去不了的；西班牙、荷蘭這些被拿破崙禍害過的國家，他們當然也去不了。想來想去，他的母親決定帶著他去日內瓦，因為她在那裡有套房產。但是，當地政府也不敢收留他們，讓他們趕緊走。最後，母子倆輾轉流離於瑞士、德國邊境和義大利。

總而言之，小拿破崙的成長歷程很不容易，而且他和「四有青年」（有理想、有道德、有文化、有紀律）的形象很相符。

首先，他非常有文化。拿破崙一世的那套理想被他完整的繼承了下來，不僅是武功，也包括文治。拿破崙三世長大之後寫了很多這方面的著作。他後來在坐牢的時候，還寫過電磁學以及如何開通運河等著作。此外，他還整理了拿破崙一世和凱撒的文集，是一個勤於寫作、筆耕不輟的文人。

其次，他很有理想。他在義大利的時候，年紀輕輕就跟義大利的民族主義份子，也就是後來所謂的「燒炭黨」，搞在了一起，據說還參加過他們的起義。在他的執政理念中，能夠清晰的看到理想主義的色彩。

第三，他也是一個很有道德的年輕人。只有最後一條「有紀律」不太符合，他不太有紀律，因為他老惦記著要恢復拿破崙家族的光榮。我看了拿破崙三世的傳記之後，感覺他就像是一臺3D印表機，從歷史中下載了拿破崙一世的資料，然後總想把拿破崙一世的榮光和文治武功再複製出來。這就是拿破崙三世的夢想，這是一直扎在他心中的一根刺。

據拿破崙三世說，他小時候，伯父拿破崙當著很多將軍的面抱過他，說：「你們也抱抱這個孩子吧！沒準兒他就是我們家族未來的繼承者。」不知此事是真是假，反正拿破崙三世總是這麼說，而且此事確實成了他心中的一根刺。

一八四八年法國爆發了二月革命，把國王推翻了。拿破崙三世立即從英國趕回法國，跟朋友說：「我現在要回到法國，重新統治法國人民，他們在召喚我。」他表妹把他當成了神經病。但是他毅然決然的去了，而且居然成功了。

他人生的前幾十年就是在不斷的組織起義，反覆被流放，反覆被關押。一八四〇年八月，他在布洛涅發動軍事起義，失敗後被法國政府判了終身監禁。但他找到了革命同志幫忙，六年後成功越獄，出逃英國。

其中最有趣的一次，就是他想模仿拿破崙一世復辟的那一次。

一八一五年，拿破崙一世帶著一千零五十名士兵，坐著六艘小船從坎城一登陸，就大肆宣稱：「被流放的拿破崙回來了！」軍官命令士兵對他開槍。拿破崙就敞開胸口，說：「你們開槍啊！」可沒有一個士兵肯向他開槍。於是拿破崙神話在短短幾天之內就從坎城傳到了巴黎，因為太多底層民眾與底層士兵都擁護他，所以他成功了。

拿破崙三世也想照貓畫虎的表演一回，但很可惜沒有成功——他上岸之後正準備發表演說的時候，很多人表示反對，他不得不開槍去鎮壓。

總而言之，他是個傾盡一生精力想要恢復拿破崙家族榮光的人。就是這麼一個人，既沒有軍隊的支持，也沒有太大的名望，怎麼能一下子在一八四八年當上總統，然後又在四年之後的一八五二年當上了皇帝呢？這個突然的大翻轉是怎麼發生的呢？

登上帝位

拿破崙三世像變魔術一樣，在短短幾年內就獲得了如此輝煌、從社會底層直達頂峰的一個歷程，可見這個人還是很厲害的，我們必須承認。

一八一二年拿破崙一世倒臺之後，法國經歷了兩個王朝。一個是波旁復辟王朝，從一八一四年到一八三〇年，其間除了一八一五年有三個多月的拿破崙「百日王朝」，其他全是波旁王朝復辟期，由路易十六的兩個弟弟路易十八和查理十世統治。另一個是「七月王朝」，其統治者路易·菲利浦原來只是一個貴族，一八三〇年當了國王，一八四八年法國二月革命爆發後又被推翻了。

一八四八年全歐洲都在鬧革命，但是法國的革命鬧得最凶，而且法國人在浪漫主義精神的驅動下，決定成立共和國。共和國成立之後，領頭的是個大詩人，叫拉馬丁（Alphonse de Lamartine）。這個人充滿了各種浪漫主義和自由主義理想，當時他在法國最高當局中，一直堅持一件事——普選。大家都是一模一樣的人，為什麼有產者才有選票？咱們既然搞共和制，就要搞徹底點，所有成年男子一人一票，投票選舉總統。

拉馬丁這位大詩人的智商顯然有點問題，他在巴黎開沙龍能來一萬多人，卻是不可能當選總統的。老百姓知道他是誰嗎？老百姓連字都不認識。但是，老百姓都認識拿破崙。

這有點像印度的選舉，老百姓一聽說是「甘地」，就都把票投給他。可是後來選出來的英迪拉．甘地、拉吉夫．甘地這些人，根本就不是甘地家族的人，他們是尼赫魯家族的。對於一個民智未開的國家來說，玩普選最後都是這個結果——面對選票上幾個候選人的名字，老百姓一定會挑自己認識名字的那個人，然後把票投給他。

拿破崙三世回國參選總統之前，沒有任何從政經驗，就是一個流放犯，甚至是一個被判了終身監禁的囚犯。但是他參與總統選舉時，所有底層的老百姓都知道他是拿破崙家族的。拿破崙家族曾經給過農民很多好處，也給過工人很多好處，還為法國人民帶來過雄踞歐洲大陸的幻覺，大家不投票給他，還能投票給誰呢？所以，歐洲歷史上第一次大規模的普選，便像鬧劇一樣開始了，沒有任何從政經驗的拿破崙三世，最後被選舉成了總統。

第二個問題來了，他好好當總統就行，後來怎麼又當了皇帝呢？袁世凱在中國沒有幹成的事，為什麼這位先生在短短三、四年間就幹成了？這又是一個很奇葩的事件。

要解釋其中的原因，就得回到當時的歷史情境中。當時民主政治在世界範圍內並未深入人心，只有一朵奇葩盛開在大西洋的彼岸，那就是美國。在歐洲大陸人看來，美國真的好奇怪，法國人托克維爾（Alexis de Tocqueville）寫的《民主在美國》（*De la démocratie en Amérique*）一書可以為此佐證。

法國剛開始組民選共和政府的時候，是有很多問題的。一時間舊秩序徹底垮掉了，新秩序又沒建立起來，於是「城頭變幻大王旗」，今天這個上臺，明天那個上臺，國內政局非常混亂。所以，民心思安定，做為法國聲望甚高的拿破崙家族的人，拿破崙三世極易獲得民眾的支持。

另外，這裡不得不說法蘭西第二共和國，這個由一幫文人搞起來的共和國，很多政策的制定真是有點愚蠢。法蘭西第二共和國的憲法當中有一個癥結，這個癥結直接導致了它的倒臺。這個癥結就是，它規定總統只能任職一屆，而且只有四年。這不就是逼著當權者動用武力把共和制度幹掉嗎？所以最後拿破崙三世眼看著任期快到了，就發動了一次政變，直接把議會關了，改成了元老院。

這時拿破崙三世就已經想當皇帝了，可他還想試試民意，這個時候要奪權是不是正好？怎麼辦呢？學曹操。曹操想僭位稱王，又知道朝中還有很多「漢室忠臣」會反對，於是決定許田圍獵，試探一下眾臣中哪些忠於皇上，哪些忠於自己。

當然，拿破崙三世可能並不知道曹操是誰。那他是怎麼做的呢？他帶著一大堆隨從到法國南部巡遊，巡遊的時候經常對公眾發表演講，然後派自己的手下在人群中找時機喊：「皇帝萬歲！皇帝萬歲！」先小聲喊，如果有人跟進，也喊：「皇帝萬歲！」那就正中下懷。他走了一大圈之後，覺得差不多可以了，就發表了一場重要的演說，然後回到巴黎，舉行了一場盛大的入城儀式，穿過凱旋門回到皇宮。緊接著，拿破崙三世指使元老院一個人上來說：「要不您當皇帝好不好？」「唉唷，那怎麼可以呢？」反覆惺惺作態三回，最後說：「你們都這樣了，我也不能辜負大家的心願。」拿破崙三世就這樣當上了法蘭西第二帝國的皇帝。

拿破崙三世登上帝位以後，至少表面上回到了伯父拿破崙人生曲線的最高點。他競選總統的時候，拿到了四百多萬張選票，這已經占據了絕對優勢；可是他當皇帝的時候，又搞了一次投票，這次竟拿到了七百多萬張票！所以，他的民意基礎是非常深厚的。

我在史料當中看到過一個小故事。拿破崙三世競選總統的時候，他的競選班子跑到警察局去告狀，說競選對手把他們的廣告撕了，太不像話了。警察局局長說：「行行行，我幫你們處理。」然後很客氣的把他們送了出來，邊走邊跟競選班子的人說：「幾張廣告不要緊的，拿破崙親王是一定能夠當選的，這件事情無庸置疑。」可見當時他的民意基礎就已經非常好了，要不然他怎麼敢稱帝呢？

一時的輝煌

但是，在這個基礎上，拿破崙三世又做了些什麼呢？在他稱帝的前幾個月，德國有個叫卡爾．馬克思的年輕人，他觀察了拿破崙三世前半段的表演後，寫了一篇文章〈路易．波拿巴的霧月十八日〉（The Eighteenth Brumaire of Louis Bonaparte）。這篇文章劈頭就講了一句話：「黑格爾在某個地方說過，一切偉大的世界歷史事變和人物，可以說都出現了兩次。他忘記補充一點：第一次是做為悲劇出現，第二次是做為鬧劇出現。」馬克思雖然沒機會看到拿破崙三世的下場，但是他已經判斷出來，這一定是一齣鬧劇。

有的人如果能在稍早的時候退出歷史舞臺，歷史對他的評價會是完全不同的。就像拿破崙三世，如果在一八七〇年死了或者退位，那他留給歷史的，就是一個高帥富且瀟灑無比的背影。拿破崙三世執政的二十年，法蘭西的經濟發展較快，文化極其繁榮，人民利益也得到大幅保障。法蘭西在他的統治下蒸蒸日上，而且在他手裡徹底完成了工業革命。

給大家舉個例子，普法戰爭戰敗之後，不是得賠款嗎？當時俾斯麥打小算盤，寫了好幾嚬草稿紙，算出一個數字：五十億法郎。這並非是根據德國人受的損失讓法國人來賠償，俾斯麥就是要扼制法國經濟的發展，他認為法國背上五十億法郎這個沉重的負擔之後，短期之內肯定恢復不了元氣。可是俾斯麥萬萬沒有想到，法國只用三年就還清了，而且此後的經濟繼續一路狂奔。

我們可以做個對比，三十年後中國人簽了「辛丑合約」，要賠四億五千萬兩白銀。中國人當時還不起，就哀求列強用將近四十年的時間分期償還。而五十億法郎相當於七億兩白銀！可見兩國國力差距有多大。

在文化方面，法國十九世紀那些文化天空裡的璀璨巨星：雨果、巴爾扎克、大仲馬、福樓拜，包括印象派的莫內等人，都是拿破崙三世那個時代的。可以說，他創造了一個空前的文化大繁榮的時代，隨便一個貴婦人在法國巴黎開個沙龍，來的都是巨星。

更重要的一點是，拿破崙三世極其重視當時最廣大人民群眾的根本利益。拿破崙家族是有這個傳統的，他們對底層人民，包括非巴黎的外省農民的利益很是關照。拿破崙三世在坐牢的時候還寫過一本書，叫《論消滅貧困》（*Extinction du paupérisme*）。他一生重要的一個學術研究方向，就是怎麼解決貧困問題。

當然，他也為巴黎人民帶來了很多好處。他在位的二十年間，修建的建築比此前法國所有帝王修建的都要多，而且他是有整體規劃的。拿破崙三世當時改建巴黎，是人類歷史上第一次大規模的、有規劃的城市改建。雨果在《悲慘世界》裡寫的那個巨大下水道，就完成於拿破崙三世時期，從此巴黎的衛生狀況得到很大的改善。

他還在巴黎修了很多橫平豎直的主幹大道。我們今天到巴黎去旅遊，站在凱旋門極目四望，那幾條主幹大道基本上都是拿破崙三世修的。這還產生了一個附帶的政治後果，就是從此巴黎沒有起義了。城市史學家是這麼解釋的——原來巴黎房子之間的縫隙非常小，全是小巷子，街坊們在門口乘涼，聊著各種對政府的不滿，火氣特別暴躁的人回屋裡扔幾把椅子出來，然後就在很窄的巷子裡築成街壘，拿起槍就開始跟政府軍對幹，政府也許因此就垮臺了。但當拿破崙三世把整個巴黎的街道拓寬之後，巴黎再也沒有發生過起義。巴黎公社被鎮壓下去以後，巴黎的起義傳統就算是終結了，這也是城市規劃對政治影響的一個典型例證。總而言之，在拿破崙三世執政的二十多年間，法國的內政和國力處於一個清晰的上升態勢。

妄念：恢復拿破崙一世時代的榮光

但是，他最後的悲劇是怎麼發生的呢？這就得回到拿破崙三世心中的那根刺——恢復拿破崙一世時代的榮光上。他是拿破崙一世的侄子，靠著拿破崙家族的聲望，才獲得了如今的名位，可是，他能不能做出符合「拿破崙」這三個字的光榮業績？

有句話我覺得特別有哲理：「擁有，就是失去的開始。」當他依靠「拿破崙」這個名字坐上了皇帝寶座之後，他的每一次行動、每一個心思，都必須圍繞「維護這個皇位的合法性」來搏鬥。

我們先來看看拿破崙一世時代有什麼榮光。

大家都知道，拿破崙一世當了皇帝後，把羅馬教皇從羅馬接到巴黎，為他舉行加冕典禮。可是拿破崙一世等不及老邁的教皇哆囉哆嗦的慢動作，直接把皇冠搶過來自己戴上了，然後又為皇后約瑟芬戴上后冠。他還特意請著名畫家大衛畫了一幅油畫「拿破崙與約瑟芬皇后加冕禮」，來記念這個瞬間。這是拿破崙一世站到世界之巔的時刻。

拿破崙三世也想這樣，但問題是，他距離那個瞬間太遙遠了。在此，我必須講一個題外話，皇帝到底是什麼？皇帝這個詞在英文當中寫作「Emperor」。其實在歐洲，皇帝的意思是羅馬皇帝，所有在歐洲稱帝的人，都算是羅馬帝國的繼承者。這很顯然就分成了兩支，一支是東羅馬帝國，俄國人就認為自己是東羅馬帝國的繼承人，「沙皇」實際上就是「凱撒」（「凱撒」為羅馬和西方一些皇帝慣用的頭銜）的意思，俄國人認為他們是東正教系統，繼承了東羅馬帝國這個系統。

另一支則是西羅馬帝國系統，西羅馬帝國崩潰之後，一支獨大的就是教皇。有一次法蘭克國王查理一世打仗時保護了教皇。教皇就想賞他點兒東西，但是又沒錢，就說給他一個稱號，叫「皇帝」吧！從此查理一世就成為了羅馬教廷的保護者。西元八〇〇年，查理一世由羅馬教皇加冕稱帝，號為「羅馬人皇帝」。當然，歐洲人的皇帝跟中國人的皇帝概念差得實在太遠，它只是一個虛名，意味著是教廷承認的。為什麼非要教皇來加冕？就是這個原因——它是神權和世俗政權之間的一個契約。

拿破崙一世之所以覺得當皇帝這一瞬間特別厲害，就是因為他用槍用炮直接逼迫神聖羅馬帝國皇帝退位，讓教皇庇護七世到巴黎來為自己加冕。皇帝這頂帽子我要戴，而且還不容你為我戴，我得搶過來自己戴。

大概拿破崙三世小時候也聽過這個故事，所以留下了更為深刻的印象，從此就用盡一生去追求這個瞬間。

很多人在讀歷史的時候，會發現法國人所有的行為都透露出一種奇葩的色彩——都帶有一些宗教成分。當你理解了拿破崙三世的心態後，就很容易理解這種現象了。

拿破崙三世當了皇帝，法國人民都承認；可是遠在千里之外的教皇不承認：「要加冕嗎？那就來羅馬，我為你加冕。」如果拿破崙三世去了羅馬，他就不是拿破崙三世了，所以一定得把教皇弄到巴黎來，他也準備搶一把皇冠。但是他又不能得罪教皇，所以拿破崙三世一輩子最殷勤的服務對象就是教皇。教皇就好比他心中的女神，但這女神無論如何就是不肯嫁給他，不肯屈尊來一趟巴黎。怎麼辦？

所以，從此法蘭西第二帝國所有的海外征戰，都清晰的打上了宗教色彩，它要扮演所有天主教徒及耶穌墓地的保護者，但凡觸及天主教利益的，它都要衝在第一線。

一開始是跟俄國人較勁。首先，俄國是滅掉拿破崙帝國的歐洲憲兵主力。更重要的是，俄國人是信東正教的，跟天主教不是一夥的，所以法國就打了一個克里米亞戰爭。

克里米亞戰爭是繼拿破崙一世發動戰爭之後，歐洲大陸發生最慘烈的一次戰爭。因為當時的武器經過了較大的改進，所以戰爭的殘酷性也增加了。雖然俄國敗了，卻被英國拿到了最大的利益，法國連毛都沒沾到一根。但是戰爭中的死傷者，法國人占了一大半。護士這職業的創始人南丁格爾，就是在克里米亞戰爭當中湧現出來的，可見那場戰爭有多慘烈。法國人付出了巨大的生命代價，結果卻一無所獲，那他們的目的是什麼？他們要的就是成為「耶穌墓地的管理者」這個權力。法國的征戰目的不是出於經濟和政治利益考慮的，而是宗教。

再給大家舉一個例證，第二次鴉片戰爭，就是英法聯軍火燒圓明園那一次。英國人是為了利益（英國人從來都是這樣）；法國人為了什麼？還是宗教。第二次鴉片戰爭的導火線是什麼？讀過中學歷史教科書的人都知道，是馬賴神父事件，又稱「西林教案」。在各國列強欺負中國的那幾十年裡，有幾個「之最」——英國是慘案之最，因為英國人不講理，特別蠻橫；日本殺人最多；俄國侵占中國領土最多；法國什麼最多？教案最多。換句話說，它總是藉宗教事故和中國老百姓發生衝突，這不是無聊嗎？但是法國人就是這樣，在那一段時間裡，它的國際戰略裡面飄散著一股宗教的氣味。拿破崙三世可能是一個虔誠的天主教徒，更重要的是，只有教皇為他加冕，他才能像拿破崙一世那樣真正走向人生的巔峰。

再舉個例子，拿破崙一世時代的美洲戰略是很清晰的，扶持美國，把美國養大，然後制衡英國。所以拿破崙一世想都沒想，僅以八千萬美金的低價，就把剛剛攻占的領地路易斯安那賣給了美國，算下來平均一畝地才合幾分錢。要知道，路易斯安那可比當時的美國本土面積還要大。而且它不像俄國人賣阿拉斯加，俄國人賣阿拉斯加，是因為克里米亞戰爭後財政崩潰，為了能賣掉阿拉斯加，俄國人還花了十萬美金來行賄美國人。

拿破崙一世又不缺錢，他為什麼要賣？因為他要為美國的西進擴張騰出道路，助它向太平洋進發，成為一個橫跨兩洋、可以和「日不落帝國」英國競爭的大國，然後美法保持長期友好的小夥伴關係。

美法關係一直非常好，美國的獨立革命就是法國人支持的，美國紐約自由女神像手裡舉著的那個東西，就是法國人送的。美法友誼當時非常好，為什麼？就為制衡英國。

可是拿破崙三世為了獲得教皇的寵愛，讓豬油蒙了心，徹底來了一個美洲政策的大翻盤——他夢想在拉丁美洲，也就是美國以南，建立一個天主教大帝國，所以天天在中南美洲（包括墨西哥）搞一些動亂。他想在南邊扶植一個帝國來制衡美國。

這就是格局問題。老拿破崙想的是全球制衡，小拿破崙想的是局部制衡。最具典型意義的就是「南北戰爭」期間，美國人自己搞分裂，人家是自己家兄弟打架，做為鄰居，頂多勸上幾句。可是他不，他不僅跟在後頭吶喊，還做出一副要幫南方的樣子，向南方派出一個大使，還熱情的接見了南方聯邦派遣來的使節，可是實際的財政資助、軍事援助又沒給到。口惠而實不至，所以搞得北方也不滿意，南方也不滿意。南北戰爭一結束，也就意味著美法兩國長達半個多世紀的蜜月期就此終結。

這件事非常典型的反映出了拿破崙三世的性格。當一個人的妄念在心裡扎了根之後，就會因為虛榮、猶豫不決、能力不足而得到澆灌，而且會愈長愈大。拿破崙三世的故事，簡潔的說，就是一個要回到拿破崙一世的妄念的種子，長來長去，最後走向了老拿破崙的反面的故事。

死跟英國，遠攻近交

歷史學家在分析拿破崙三世的時候，發現他身上有兩個鮮明的外交特點。

第一，堅決不跟英國人作對。我覺得這可能是拿破崙家族的傳統，他小的時候伯父就被英國人打得很慘，所以他堅決不跟英國人打仗，而且英國人要打哪兒，我可以跟你去打。第二次鴉片戰爭以及克里米亞戰爭的時候，拿破崙三世都是英國人的小跟班。

第二，遠攻近交。這跟秦國人遠交近攻的策略正好相反。秦國的目標是統一全國，所以對待遠一點的國家（比如說齊國）就哥倆好，許諾將來平分天下；近處的趙、魏、韓，秦國就拚命揍。為什麼？因為遠的國家現在還碰不到，跟它把關係搞壞有什麼好處？但是拿破崙三世的策略正好相反，愈是碰不到的地方，他出兵愈是一點兒都不猶豫；可愈是近的地方，每次發動戰爭之前他都非常猶豫。

從《拿破崙三世傳》（*Napoléon III*）的字裡行間，都能看得到這樣的描寫，一旦到要發動戰爭的時候他就猶豫，就想好多天，只要發現風頭不對，就想是不是要撤。包括後來的普法戰爭，他一到前線，剛開始御駕親征，發現苗頭不對就要逃跑。

如果僅看這兩點，你會覺得：第一，他是個膽小鬼，只敢跟在英國人後面撿點便宜；第二，他是個糊塗蛋，是個反覆無常的小人。但是如果我們對一個歷史人物只做出這麼兩個簡單的評價，未免也太草率了。稍微一深想，我們就會明白，為什麼他有這兩個奇葩的行為邏輯。原因只有一個，就是拿破崙三世清晰的知道，他的帝國、他的皇位有一個重大的弱點——沒法兒打敗仗。因為他是頂著「拿破崙」三個字上的臺，法國人認為他是又一個拿破崙，才選他為總統，然後捧到皇位上。他能打敗仗嗎？一打敗仗，拿破崙的光環立即就會消失。法國人就會恍然大悟，原來他沒有拿破崙一世的那兩下子，緊接著就會質疑：「法蘭西第二帝國皇帝統治的合法性何在？」而他自己在軍事上又不是特別有自信，雖然寫過幾本關於炮兵的小冊子，但那又如何？他自己清楚的知道，他不是拿破崙一世。

這就是前面那兩個特點形成的原因。為什麼死跟英國？因為英國是世界上最強大的國家。還記得王朔的小說裡有個段子，有一個人站在人群中說：「誰敢惹我？」另一個人回應道：「我敢惹你。」這個人立即改口說：「誰敢惹咱倆？」他跟英國人站在一起，誰還敢惹？就算打了敗仗也不丟人，威脅不到他在國內的民意。

為什麼遠攻近交？打遠處對國內政治影響小，打近處只要一打敗仗，皇位就堪憂。從拿破崙三世所處的政治格局來考慮，我們就能夠理解他為什麼會做出那一堆事情。

在一八七〇年普法戰爭爆發前夕，法國的國際處境已經被他這一套政策搞得惡化到了極點，幾個周邊的國家全部跟他有了衝突，而且是不可化解的衝突。克里米亞戰爭，他把俄國人欺負了；他還和義大利一起打過奧地利；英國人也不支持他，英國的大陸政策就是平衡政策，法國、俄國強了，英國就扶持德國。所以不管法國跟英國關係有多好，當他和德國博奕的時候，英國人是不會支持他的。

普法戰爭是怎麼打起來的？

現在就剩最後一個問題，也是導致法蘭西第二帝國最終垮臺的普魯士的問題。那個時候普魯士剛剛崛起，處於上升態勢，一時人才輩出，俾斯麥、老毛奇這幾個人已經準備了很多年，要跟法國開戰。如果不把法國這個歐洲大陸唯一的強權幹掉，他們怎麼心安？要統一歐洲那些碎了一地的小國王、小領主，首先就要掃掉法國的權威。

俾斯麥整天都在想：「怎麼跟法國打這一仗呢？」雖然當時法國已經眾叛親離，周邊全是仇家，可是以什麼名義打這一仗呢？據俾斯麥的回憶錄記述，他早就說：「跟法國的戰爭大概五年內就要爆發。」普法戰爭爆發的前兩年，他又說：「應該在兩年內就會爆發。」可見俾斯麥的政治嗅覺非常敏銳。

普魯士人這麼說的時候，已經做足了準備。當時普魯士創立了世界上最先進的參謀部制度；再加上為了打普法戰爭，它的鐵路都是按照運送士兵的要求修建的，擁有世界上最好的鐵路系統，而法國根本沒做任何準備。所以普法戰爭的結果幾乎無庸置疑。

拿破崙三世當時已經到了這個處境——要把面子撐得大大的：「我在歐洲打遍天下無敵手，誰沒被我欺負過？俄國、奧地利、義大利我都欺負過了，普魯士算什麼？」他表面上裝成這樣，可是他心裡又知道，根本就打不贏這場仗。

普法戰爭是誰先挑起來的？是拿破崙三世先宣的戰。可是宣戰之後，前線部隊沒法集結，因為沒有任何完整的軍事計畫，軍需根本供應不上。可是他又不能認輸，表面上還得裝出一副滿不在乎的模樣，好像捏死普魯士就像捏死隻臭蟲一樣簡單。

當時拿破崙三世講了幾句狠話：「德國一定不能統一，德國要是統一了，我們的大炮就將自動發射。」世界上第一款自動大炮就是他研發的。他還說：「我們這次去打普魯士，其實就是一次軍事散步，我們要去柏林進行一次散步。」

面對這樣一個局面，即使我們不是戰略家，不是軍事家，也知道誰贏誰輸。

開戰之前，俾斯麥一直在想怎麼讓法國人先打起來，他知道法國虛驕的民意已經起來了，所以就從民意上下手。終於，這一天到了。

由於西班牙王位的繼承問題，法國和普魯士之間意見不合——一八七〇年七月初，普魯士國王威廉一世的一個親戚應西班牙政府之邀，去西班牙繼承王位。可拿破崙三世擔心普西聯合起來之後實力大增，對法國不利，所以極力反對。普魯士國王一看，就說：「那西班牙王位我們不要了。」

但拿破崙三世還不滿意，他派了一個大使到普魯士去，要求他們寫一個字據。普魯士國王一看，這也太欺負人了，就擬了封電報：「這件事我知道了，你不必派大使來了，這件事不辦了！」他把這封電報拍給俾斯麥，讓俾斯麥按這個意思回覆法國人。

俾斯麥當時正在吃晚飯，旁邊是總參謀長老毛奇，還有國防部部長。俾斯麥就問他倆：「咱們幹嗎？」大概那兩人說的是：「幹。」然後俾斯麥就回到書房將這封電報縮寫了，但是沒改字，大概意思變成：「法國大使不要來了，這件事以後不用談了。」然後直接在報紙上發表了。

他最狡詐的地方是，特意挑了七月十四日這一天來發表。這一天是法國的國慶日，法國民眾正在廣場上聚集慶祝，一看到報紙上這封電報，激昂的戰爭熱情就被點燃起來了，怒稱要殺到柏林去。拿破崙三世這個時候除了雄糾糾、氣昂昂跨過萊茵河去打柏林，已經沒有第二條路可走。因為他是拿破崙，他不能示弱。講了一堆狠話之後，他御駕親征了。

但是，這個時候他身體已經不行了，渾身疼痛，得靠吃鴉片來鎮痛，騎一會兒馬就得下來休息一會兒，心情慘澹得一塌糊塗。他心裡很清楚，此去他就是「肉包子打狗——有去無回」，所以他到了前線並沒有去鼓舞士氣，而是跟所有的老朋友一一握別，充滿了失敗的情緒。但凡有萬分之一打勝仗的可能，他的表現都不可能會是這樣。

開戰之後，他一看形勢不對，立即準備逃回巴黎。拿破崙三世的老婆歐仁妮皇后此時正在巴黎攝政，歐仁妮皇后既漂亮又能幹，當時是歐洲的兩大美人之一，跟西班牙的茜茜公主齊名，她在拿破崙三世執政期間曾經三次攝政。歐仁妮就寫信對他說：「你還是別回來了。你一回來就意味著皇帝臨陣脫逃，巴黎就得起義，我們就得完蛋。」還兩次寫信勸他不要回來。

從這兩封信裡我們也可以看出，這個皇朝天生的致命傷在哪裡。拿破崙三世不能讓國內民眾知道，他打了敗仗或者要打敗仗。拿破崙三世後來之所以被敵人在軍中活捉，就是這個原因，他沒法回去，回去也是個死。

歷史終於走到了一八七一年九月一日這一天，普魯士大軍把山坳中的小城色當如鐵桶一般團團包圍。普魯士的大炮那天早上向城內轟了幾下之後，聽到了幾聲法軍的慘叫，過了一會兒，降書就送到了。拿破崙三世對普魯士國王說：「我親愛的兄弟，我沒死在軍中，我把我的佩劍贈送給你。」

法蘭西第二帝國就這麼垮掉了，拿破崙三世帶著他的家屬，又在英國的倫敦苟延殘喘了一年，然後這個可憐的老人帶著拿破崙家族最後的輝煌，就此走入了歷史。

陷入情勢與虛榮的牢籠

這就是我要講的主體故事，為什麼講？因為我們在大國崛起。一方面，我們在跟老大的博弈當中，已經呈現出非常好的戰略態勢。但是拿破崙三世的故事給了我們一個提醒，這也是後來的歷史學家在評論拿破崙三世的時候，對他的致命缺陷的一句風評：「拿破崙三世永遠也搞不清楚，自己的虛榮、歷史的仇恨和意識形態的熱情，與國家實際戰略利益的關係。」

拿破崙三世無論是打俄國，還是跟德國博奕，都被這種情緒性的東西矇住了雙眼，他無法把每一次勝利都轉化為自己的政治優勢和國家的政治利益。正如幾十年後法國戴高樂將軍的評價：「法國所取得的勝利總是一時的輝煌，而遭受的災難卻是永久性的。」這就是拿破崙三世執政二十年，給歷史留下的經驗。

說到這裡，我想起了曹孟德和劉玄德煮酒論英雄的歷史情景。曹孟德問劉玄德：「你跟我說說，天下誰是英雄？」劉玄德想了想，說：「河北袁紹，四世三公，門多故吏，今虎踞冀州之地，部下能事者極多，可為英雄？」說到這兒，我們會想到拿破崙三世，同樣的，他門第很好，有光榮的歷史傳統，門下有很多的能人異士，當時的政治態勢很好。

可是我們再來聽聽曹操的判斷：「袁紹色厲膽薄，好謀無斷；幹大事而惜身，見小利而忘命：非英雄也。」

一個看似英雄的人，歷史卻會證明他「非英雄也」。

04 換個姿勢奔跑——盧梭

讀書考試是人生的登天之梯，這個觀念從小就在我心裡根深蒂固了。我父母特別有先見之明，大概在我三、四歲剛記事的時候，他們就天天在我耳朵邊念叨：「你得先考取個本地最好的中學，這算是中了秀才；然後得考取個大學，這算中了舉人；接下來還有進士，現在叫研究生，那時才算踏上整個社會的登天之梯，也就是到了金字塔頂端的小房間。」

但是，你不要以為到這個小房間就完事了，小房間裡面還有一個保險箱，它的名字叫博士，打開這個保險箱才算是人上人。可是這個保險箱裡面還有一個小珠寶盒子，打開它才叫珠光寶氣，它叫博士後。

前半生，我基本上就是按照父母告訴我的這條路，一步一步往上爬。我們這代人想脫離原來生活的小城市和鄉村，除了這一條登天之梯，也沒有別的道路可以選擇。

我一直到二〇一一年才拿到博士文憑。記得那天打電話給我老爹，說我拿到博士文憑了，老爹說：「趕緊送來讓我看看！」我送去給他後，老爹拿著那個文憑，老淚縱橫的說道：「終於把兒子培養成才了！」

我站在旁邊，覺得他那時候的表情很荒誕，心想：「這東西有這麼重要嗎？博士現在都快車載斗量了，你幹嘛還這麼重視？」我其他的榮譽、成就，在他眼裡好像都不算什麼，掙一萬塊錢也不過是一萬塊錢，博士文憑才是真才實學的標誌。

其實，不只是老一代人，即使年輕一代也有這樣的情結，雖然自己不願意去讀博士，認為太苦，但是如果對方遞過來的名片上面印著「Doctor」，不是大夫而是博士，自己還是會肅然起敬。

博士們的生存現狀分析

現在讓我們來做一件煞風景的事情，幫大家還原一下如今真實的博士生活，了解一下讀書人的舊活法是什麼樣子。

先說理工科，理工科博士相對來說處境比較好，但是他們基本的生活狀態就是替導師做事——導師接計畫，掙銀子，幾乎把他們當作免費的工人來用，最後給他們仨瓜倆棗。

因為畢業證書在人家手裡掌握著，所以拿到的津貼也相對較少。

這部分理工科博士生畢業之後，如果是學ＩＴ、電信的，華為、騰訊這種大公司可能會要，收入也還不錯。但是理工科專業林林總總、多如牛毛，絕大部分博士生畢業後的收入是不盡如人意的。

普通人對於理工科博士生活的想像，都是穿著白袍，陪著留白鬍子的科學家老爺爺，攀登人類科技文明的高峰，可現實並非如此。舉例來說，學化學的在畢業前兩年，最重要的任務就是在實驗室裡幫導師刷試管，這種體力勞動會占據生活的絕大部分時間。

再來看文科，真的是比較慘。「羅輯思維」節目有一個知識策劃叫李源，現在在中國人民大學清史研究所讀碩士。我曾經問他：「你們那兒的博士混得怎麼樣？」

「唉唷，好慘，有幾個數字可以證明。如果你在我們人民大學讀博士，國家每個月給你的補貼，也就是所謂的工資，是八百大洋；當然這不算全部，如果跟導師做計畫，每個月還能拿到八百大洋的補助。這一千六百塊錢，就是一個博士能夠在人民大學拿到的全部收入。」

「如果你是博士後呢？會不會好一點兒？因為你歲數也大一點兒嘛！應該掙得多一點兒。」

「沒錯，如果你在人民大學讀博士後的話，每年要交一萬塊，學校會還給你三萬塊，也就是說你每年淨得二萬塊，平均下來每個月的收入不足二千塊錢。」

也有相對來說好一些的，比如北京大學國際發展研究院，也就是林毅夫教授所在的那個學院。那個地方的博士後收入優厚，每個月的收入居然達到了五千大洋！扣掉住宿費一千五百塊，還剩三千五百塊錢。這就是目前博士後最好的生存狀態了。但是要知道，如果按部就班的讀完全部課程的話，博士後大概都已經三十二歲了。

鄭也夫先生的《吾國教育病理》一書裡有一段分析，說一個男性如果到三十二歲的時候，還沒有為家庭、社會盡過任何責任，還在拿著微薄的收入，這種人還有什麼用？

這話說得可能有點兒過，但事實就是這樣。如果一個人到了三十多歲，還沒有對家庭和社會承擔起任何責任，還抱著一種「我要先學習，然後磨刀，磨完刀再去砍柴」的心態，恐怕真的是有點兒遲了。

博士畢業以後怎麼活？

可能有讀者會說，中國古人不是有兩句話嗎？「磨刀不誤砍柴工。」「吃得苦中苦，方為人上人。」也許等博士或博士後畢業後就好了。其實未必。

就拿文科生來說，如果你想到一家報社或者雜誌社當記者，就需要先問問總編輯和社長，他們想要什麼樣的人？人家才不管你是博士還是博士後呢！就看你能不能寫稿子。能寫稿子就要，不能寫稿子就不要，你的薪資收入跟一個碩士甚至本科生都沒有太大區別。可是要知道，你的生命在求學的過程中，已經又過去三到四年了，你的投入划算嗎？

也有讀者可能會說：「你這個算法太市儈了，總有些人一心向學，就願意去做一個苦寒的讀書人，可不可以？」

錢鍾書先生說得好：「大抵學問是荒江野老屋中，二三素心人商量培養之事，朝市之顯學必成俗學。」有人願意過苦日子，當然可以。但是，我們來看看那種一心想留校、終身都在做學問的人，是不是可以邁上登天之梯呢？

我問過李源：「你將來考博士嗎？」

「不考不考不考。」

「為什麼不考呢？」

「不划算嘛！」

「你是一開始就知道不划算嗎？」

「那倒不是，一開始我真打算這輩子就不掙錢算了，看你們吃香喝辣的，哥們兒就玩學問。大學一年級的時候看到，原來好好學習，讀完博士可以留校當教師，行，哥們兒就走這條路；大學二年級發現，博士留不了校，博士後才能留校；大學三年級發現，博士後也留不了，需要排隊，需要靠機會。」

你知道李源給我算的帳是什麼？就是如果你是九八五、二一一（針對高等教育實行的建設工程）這種名牌院校的，讀完博士後，基本上能夠找到的比較好的工作，就是在一個外地的普通大學院校當教師，留在好學校的可能性非常非常之小。

「羅輯思維」節目在北京的一個錄影地點是「建外ＳＯＨＯ」（一個大型物業發展計畫），樓下有家小餐館在招服務生，每月底薪三千元，加上獎金、全勤獎、抽成等，幹得好的月收入能達到四千元。請注意，這四千元可是包吃包住的，也就是說，一個在餐館裡端盤子的服務員——這個城市最底層勞動人民的收入，和博士生剛開始能夠期望的收入是差不多的。

工業社會的分工邏輯

這是腦體倒掛嗎？二十世紀八〇年代，我們經常用「腦體倒掛」這個詞來描述這類現象，即所謂「造原子彈的不如賣茶葉蛋的」。可是今天還是這樣嗎？不是。

我們國家二〇一二年的科學研究投入已經達到了一萬億元人民幣！隨便一所大學造一棟樓的花費都是上億；任何一個理工科的實驗室一旦開辦，數以億計的銀子都要花下去。

如果你現在已經當上了博士生導師、院士、教授，手裡又有計畫的話，不敢說金山銀海，至少能過上當今中國頂級精英過的日子。

為什麼會出現這麼大的反差呢？分析起來無非是兩個原因。

第一個原因，你來遲了。現在當教授、博士生導師的那些人，當年研究生畢業的時候就可以留校，可以發文章，可以當教授、當所長。那個時候全國每年才畢業多少學生？就像我讀研究生那時候，我們那一屆文科、理工科的研究生加起來總共有三十七個人，現在一屆是二千多人。前面的人剛當上教授，才四、五十歲，還非常年輕，學術生涯還遠遠沒有結束，哪裡還有後來者上升的途徑呢？就這麼簡單。

鄭也夫先生的《吾國教育病理》裡面對此也有過分析，說：「過度的競爭，尤其是軍備競賽似的競爭，到最後往往會發現，競爭的標的物本身並不值錢。」這個道理很簡單。

第二個原因就比較深了，要深入到工業社會的底層邏輯裡去看。工業社會有一個特徵，就是所有的效能都來自分工，所以在社會剛開始分工，有大的構建性機會的時候，就是大師輩出的一代。高曉松的「曉說」節目有一期叫「大師照亮八十年代」，講為什麼那時候容易出大師，不是說他們的智力水準真的比我們這代人要高多少，而是因為風雲際會，人家有更多的機會。

再比如說晚清，或者二十世紀八〇年代，風氣剛剛打開，剛開始睜眼望世界，所有能夠把西方的思想、方法論移植到中國來的人，就是貨真價實的大師，因為人家想的全是基本問題。像胡適一生寫的書，全部是核心問題，如《中國哲學史大綱》。可是對接下來的第二代學者來說，就只能研究「小問題」了。再往後，兒子輩、孫子輩的學者剩下的，都是工業社會給他們的非常細碎的分工。

前不久，我們的知識策劃李源在做一項研究，是他碩士畢業論文的課題，叫《張慰慈城市管理思想研究》。

我說：「你這做的是什麼玩意兒？張慰慈是誰啊？」

他說：「民國時期的一個教授。」

我說：「你怎麼會對這東西感興趣？」

他說：「不是我感興趣，是導師分配我寫的。」

我說：「導師為什麼分配你寫？」

他說：「因為導師有自己的研究架構，裡面缺很多小塊，『你既然是我的學生，就去幫我把這一小塊研究清楚，但在我這套研究計畫裡，它也就是一個小小的注釋。』」

如果李源同學說：「我不搭理你那一套，我要寫一部中國通史！」導師就恨不得一個巴掌呼上去：「你以為你是誰啊？我是為了你好才這麼告訴你的，在史學界這樣一個輩分森嚴的體系下，你竟敢一上來就寫什麼中國通史，那就是找死。所有人都會覺得你是邪魔外道，你這一輩子在學術界都休想混出頭來。」

所以，你一開始只能按照導師、導師的導師、導師的爺爺導師的一整套規劃，在一個角落裡展開自己那種苟且偷生、慢慢攀爬、小小的學術生涯，那你不就悲慘了嗎？說到底，這是工業社會分工到最後出現的一個荒誕現象。

每年，各種機構都會申報很多國家社科課題，能出版一書架的書，都由大量細碎的分工組成。我們不禁會問：「真有必要這麼研究嗎？」沒辦法，工業社會有它的慣性，就是要這樣細碎的分工下去，而每一個人都被這種分工邏輯綁架了。

三個當代人的新活法

難道真的是這個社會不厚待知識份子嗎？也不是。過去十年，讀書人當中發生過這麼幾件事。一個研究美學的教授講三國出了名，他叫易中天；一個研究廣播電視媒體的教授講《論語》出了名，她叫于丹；一個海關的公務員寫明史出了名，他叫當年明月。有媒體採訪當年明月：「你這麼小的年紀，二十多歲就寫出皇皇七大本明史著作，雖然是通俗版的，你不覺得太容易了嗎？很多教授說，有些學問是要窮三十年的精力才能開始做的。」

當年明月就說：「這麼點兒東西還用得著三十年？能有多少資料啊？花三十年才做完

的人，只有兩種可能：第一，他太笨；第二，他在騙你們呢！」

我不敢說當年明月說得對不對，我也不敢否定所有明史教授的努力，但是至少我們可以從當年明月、于丹、易中天的例子中得到一點啟示，就是市場經濟下的社會並沒虧待讀書人。如果你做出了讓市場認可的學問，採取了在這個新時代應該採取的存活方式，它就會給你豐厚的利潤。

據說于丹出的第一本書《于丹《論語》心得》的利潤，是中華書局自新中國成立後掙的所有錢的總和，于丹當然也掙了很多錢。至於當年明月，據他原來的一個同事講，到現在為止，他因《明朝那些事兒》拿到了上千萬的版稅。

所以，你不能說這個社會欺負讀書人，正確的結論是：過去的活法不成立了，讀書人必須換一個活法。

參考盧梭走出來的新活法

我們這一代人其實生活在一個大變革時代，在人類歷史上，這樣的大變革出現過好幾次。在之前的大變革時代，人們用生命左衝右突出來的新活法，依然能夠在幾百年後給我們這代人參考和啟示。

為大家介紹一個人，這個人叫盧梭。很多人都知道盧梭，知道他是法國啟蒙時代的思想家、哲學家、教育家、文學家。其實他不是法國人，而是日內瓦人，按今天的國籍來算應該是瑞士人。

盧梭的命運從小就很不幸，出生的時候媽媽難產死了，所以他是跟著爸爸長大的。他爸本來是一個老老實實的鐘錶匠，年輕的時候惹了官司，家就敗落了。盧梭從十六歲開始，就不得不到處打零工，說白了就是「流浪」。

三十歲那一年，他流浪到當時整個歐洲的文化中心——巴黎。推開城門，舉目四望，盧梭不禁大驚：「我的老天，哪有我的活路啊？」雖然盧梭很聰明，也會舞文弄墨寫文章，但是在當時知識份子的所有活法裡面，沒有任何一條縫隙是對盧梭這樣的人開放的。

當時整個歐洲知識份子的活法，大概有四類。

第一類，體制內的人，包括政府官員、學者型官員。比如說啟蒙運動四大健將之一的孟德斯鳩，他當時就是大法官；像英國的洛克，也是擔任過類似國務祕書這樣的職位。盧梭又沒參加過公務員考試，誰認得他是誰啊？

第二類，用今天的話講叫「意見領袖」，比如伏爾泰就是這樣的人。雖然伏爾泰不是貴族，但是他憑藉著自己的才華，年紀輕輕就在法國巴黎的貴婦沙龍裡聲名鵲起了。很多巴黎貴婦見到伏爾泰就跟過年一樣。盧梭要當意見領袖，哪裡有伏爾泰的人脈？畢竟人家的人脈已經經營好幾十年了，有大批擁護者和粉絲。現在你想混成意見領袖，太難了。

第三種活法，是被當時新興的大學「包養」，比如：休謨、亞當・斯密，這些人都是被愛丁堡大學、格拉斯哥大學等「包養」的知識份子。可是盧梭是自學成才的，沒文憑，沒有任何本錢能夠進入大學。

第四種活法，就是由教會「包養」。這在歐洲歷史上是一個奇葩般的存在，但這個譜系裡面的名人，有貢獻的特別多——尤其是英國。英國的鄉村牧師是英國現代化當中非常重要的知識份子力量，因為他們除了週日做個禮拜，平時閒著沒事幹，還有一部分津貼，足以讓他們靜下心去研究一、兩門學問。比如著名的經濟學家馬爾薩斯，就是這樣一個知識份子。

盧梭當時面對的就是「長安居，大不易」這種情況。盧梭也做出過努力，比如說，他發明了一種全新的記樂譜的方法，他覺得這是了不得的發明，所以就懷著一顆熾熱的心到巴黎，四處兜售這玩意兒。那些既得利益者、大音樂家、貴族哪裡看得上這個？根本就不搭理他，一點縫隙都沒給他留，所以盧梭弄得灰頭土臉。

那第二次呢？盧梭想向這些人輸誠，硬生生擠開一條縫而入。

他也想巴結意見領袖，比如說他拿著自己寫的一本書《論人類不平等的起源和基礎》，跑去找伏爾泰，說：「我寫了一本著作，請您看看。」

伏爾泰看完之後，是這麼回覆的：「感謝您送來這部著作，看完之後，我有一種要用四腳爬行的感覺。我覺得所有人看完您這本書，都有一種四腳爬行的欲望，因為您這本書否定了文明，想讓人脫光衣服回到原始森林，這種思想太反動了。」然後他還說俏皮話，說：「我都六十歲了，已經忘了四腳爬行六十年了，你這套我是學不會了。」然後就退回去了。

盧梭那一年大概是三十八歲，年輕氣盛，也不饒人，就給伏爾泰寫了一封回信，說「我很不喜歡你這個人」云云，當時兩人就罵起來了，因此也結下了梁子。盧梭這個人一生平淡無奇，讀他的傳記會感覺非常枯燥，他人生中發生過什麼大事嗎？一件都沒有，就是寫信、跟人吵架、爭執、解釋，全是這些不入流的事。

總體而言，盧梭在巴黎混得比較淒慘。剛去的時候他還有幾個朋友，比如跟百科全書派代表人物、法國啟蒙運動大將狄德羅關係挺好，兩人惺惺相惜。狄德羅說：「你不是會記譜嗎？百科全書裡『音樂』這一條交給你寫好不好？」盧梭說：「好。」就花幾個月時間寫了。但是後來兩人也鬧翻了。

有一次狄德羅跟他說：「你和巴黎的朋友全鬧翻了，就剩我一個了，你能不能對我好一點兒啊？」盧梭說：「為什麼呀？」他又寫信把人家罵了一頓。這就是盧梭，他就是這樣的性格。

兩個世界的人：盧梭 vs. 伏爾泰

現在很多學者都認為，盧梭是因為跟狄德羅、伏爾泰的觀點不一樣，才導致分道揚鑣的。依我說根本就不是這個原因，而是因為他和這些人壓根兒就是兩個世界的人。

就拿伏爾泰和盧梭來說，這兩個人怎麼可能談得來？伏爾泰年紀輕輕就暴得大名，而盧梭混到四十幾歲還沒混出個名堂；且伏爾泰是巴黎人，盧梭又是外省人。

另外，伏爾泰特別有錢，盧梭特別窮；兩人的思想觀點也不一樣，伏爾泰的政治觀點是，要改造政體但是不要革命，盧梭則說主權在民……無論從哪個方面來看，他們都是生活在兩個世界裡的人，伏爾泰後半輩子最大的樂趣就是打壓盧梭。因為盧梭也很有名，很多貴婦喜歡他，伏爾泰就在背後搞鬼。

盧梭有一件見不得人的醜事。他到晚年才跟一個女人結婚，之前和那個女人共生了五個孩子，但都送到了孤兒院，因為盧梭覺得自己沒有能力撫養他們。伏爾泰就用別名寫了一本書，專門揭露盧梭的醜事。據說伏爾泰臨死之前有一次看戲，臺上滾出來一個小丑，伏爾泰就跟別人說：「你看、你看，盧梭，丑角！」他一輩子就是以到處散播盧梭的壞話為樂。

盧梭在巴黎待不下去了，想回日內瓦，伏爾泰就寫信追到日內瓦去，告訴那個地方的人：「盧梭是個壞人，你們要收留他，就是你們城市的汙點。」

於是盧梭就躲去英國，住在休謨那兒。伏爾泰說：「怎麼可以這樣呢？」一封信追過去，跟休謨講：「你不能帶他。」當然，再加上盧梭自己的一些毛病，後來又跟休謨鬧翻了，在英國也待不下去了。

總而言之，伏爾泰一輩子就是以文字追殺、打壓盧梭為榮。當然，這只是前輩文人之間的小花邊，但說到底是什麼原因呢？原因就是，文人原來的活法裡沒有你這種邪魔外道，你混得好，大家就看不慣你。這種心態大家可能都能理解。

盧梭的不妥協

盧梭和伏爾泰在同一年去世，伏爾泰打壓了盧梭一輩子，去世後卻獲得了同樣的待遇——都被送到了先賢祠，隔得並不遠。

而且，他倆去世之後，歐洲大陸的很多知識份子——無論法國還是德國的，都視盧梭為自己的精神導師，尤其是在法國大革命時期。比如說著名的雅各賓黨人羅伯斯比，他一直說見過盧梭（後來很多學者都否定了這一點），堅持認為自己是盧梭的學生。所以在法國大革命期間，盧梭被正式封為賢人，入住先賢祠。那問題就來了：「盧梭憑什麼呢？」

首先，「盧梭不斷避免向現存政權做任何即使是表面上的妥協。」這是馬克思對盧梭的評價。

他不妥協有哪些表現呢？

當時他出了兩本書，一本是《論科學與藝術》，另外一本是《論人類不平等的起源和基礎》，他的歌劇寫得也挺好，據他自己講，法國宮廷裡演他的歌劇時，很多貴婦都很感動，覺得他是個大才子。所以當時法國的國王路易十五就想要給他一筆年金，說：「你不要讓別人『包養』了，我直接『包養』你好不好？」盧梭居然不幹，窮成那樣了也不幹。

當然，這件事在歷史上眾說紛紜，有人說他是因為那天膀胱炎發作，撒不出尿來，怕君前失禮，所以沒去。也有人認為，他就是不願意讓權貴「包養」，因為要是進到他們的體系裡，那不就成孫子了嗎？我本人更傾向於後一種看法。

盧梭後來的歷史地位證明了他確實是一代文豪，如果當初他領了國王年金，那他在這個體系裡肯定不如伏爾泰，不如孟德斯鳩。

盧梭的兩條活路

盧梭有錚錚鐵骨，但也得有活路才行。盧梭的第一條活路就是他對音樂非常了解，他曾一度實在活不下去了，就去抄樂譜。當時貴婦要開音樂會，總會外包一些抄樂譜的工作，盧梭不嫌吃苦，好歹能養活自己。

盧梭第二項活下來的本事，就是他有捕捉機會的能力。只要是一個轉型時代，總會有那麼一些機會從嚴絲合縫的傳統社會裡溜出來。這個時候，你要能夠準確的捕捉到那個資訊，盧梭就有抓住機遇的這個本事。

有一次他去探望狄德羅（兩人當時還是朋友），他在路上撿到一張小紙條，是第戎大學有獎徵文的布告。他當下就覺得這是個機會，一定要抓住。那時他雖然很窮，但為寫這篇論文還專門雇了一個女祕書，自己口述，讓女祕書整理記錄。最後這篇文章獲得了那次徵文的大獎。

雖然這篇文章在盧梭的整個思想體系裡面地位並不高，連他自己都說論證方法太粗糙。但是不管怎麼樣，他憑藉這篇論文在巴黎聲名鵲起。當時這篇文章一經發表，幾十篇書評就出來了，所有貴婦的沙龍也開始向他開放了。

盧梭的做法

可是如果只有這兩招，盧梭在巴黎即使活下來，也不過是一個時代的弄潮兒而已。要想成為名垂千古的文化大師，僅憑這兩招哪裡夠？我們來看看，盧梭接下來還做了什麼。

盧梭做的第一件事是「倒轉身形」——背棄那些知識份子原來的市場，去尋找一個全新的藍海市場。前面講過，傳統知識份子有四種活法，看起來形形色色，但其實本質上都一樣，他們的「銷售」對象都是當時的高帥富們，因為只有那些大人、先生們，才能花得起錢買他們的書，聽他們的講座，捧他們的場，傳他們的名。

但盧梭並不是靠他那些哲學著作成名的，而是在四十歲時靠另外一本書成名的，這本書叫《新愛洛伊絲》，裡面全是情書，堪稱十八世紀早期情書的範文。

這本書一出來就備受追捧，因為它的題材非常清新，用的不是常見的小說體，而是飽含深情的書信體。它講了一個愛情故事，從架構上講，跟《麥迪遜之橋》差不多，故事梗概就是一個叫朱麗的貴族女孩愛上了她的家庭教師，但是父母嫌貧愛富，把朱麗嫁給了一個高帥富，家庭教師一氣之下就當兵去了。他本來以為朱麗不會幸福，幾年之後回來一看，結果人家很幸福，於是特別憂傷。朱麗臨死之前寫了一封絕筆信給他，告訴他：『我還是愛你的。』故事到此結束。

故事雖然狗血，但這種全新的、飽含情感的、題材別致的新文學一出現，在巴黎就沸騰起來了。它的讀者並不是那些大人、先生們，而是那些情感在閨房當中已經被束縛、壓抑到極致的貴婦們，還包括一些情感豐富的男人。

十八世紀的整個社會氛圍都是冰冷的，不像十九世紀充滿了浪漫主義色彩；而十九世紀的浪漫主義氣氛，其實正是靠盧梭這樣的先驅醞釀出來的。所以很多十八、十九世紀的浪漫主義文學家，都尊奉盧梭為他們的前輩。

在當時的巴黎，盧梭這本書一時間洛陽紙貴。有一個神父寫信給他，說：「你這本書我每讀一遍就哭一遍，我跟我的朋友們把你寫的每一個自然段都連讀了十遍，滿屋子人哭得就跟在葬禮一樣。」還有人寫信給他，說：「讀這本書對我太有好處了，因為我痛哭流涕，結果把感冒治好了。」還有一個退伍軍官寫信給他，說：「最後那封絕筆信我一直不敢看，我不知道看完之後是否還能受得了，我下了三天決心，才決定要看。」

這就是一個全新的市場，對照今天來看，有一些人已經在做示範了。杭州有一個人叫陸琪，是新浪微博名人，影響力非常大。如果做為旁觀者，會覺得陸琪一個大男人，天天說的都是女孩子們愛聽的話，太沒有抱負了。但是有市場就有需求，有需求就有供給，人家提供的是市場極其饑渴的需求，憑什麼不能暴得大名？憑什麼不能掙錢？

所以，勇敢的擺脫原來的知識份子生態，找到自己的市場，這就是盧梭的絕招。除了寫愛情小說外，盧梭還有別的辦法——在找到全新的市場、全新的客戶的同時，他還把自己對這個世界、這個時代的知識份子式、精英式的嚴肅思考灌輸進去。

這就得提到盧梭的另外一本書，叫《愛彌兒》。

這套書講的是家庭教育——怎麼帶孩子。伏爾泰關心的是什麼？教士多麼無恥、國王多麼黑暗……他整天惦記的，都是怎麼用最後一個教士的腸子，勒死最後一個國王。但人家盧梭卻踏踏實實的寫了一本怎麼帶小孩的書。

可是就在這本書裡，夾雜了很多盧梭做為一個冷靜、嚴肅的思考者的個人見解。他告訴我們什麼叫人性，人性應該怎麼培養……他很多屬於那個時代的精采思想，全部灌注在這本書裡面了。這本書的影響到底有多大？舉兩個例子。

第一個例子，這本書裡面提倡母乳餵養。這個概念是盧梭最先提出來的，這導致法國當時很多貴婦都把奶媽辭退了，堅持自己母乳餵養。「信盧梭得永生」，這就是當時法國貴婦的心態。

更神奇的是，當時還是王子的路易十六，讀了這本書後發生了重大變化。盧梭這本書裡有個重要的觀點：人一生不管從事什麼職業，混得有多好，哪怕你是國王，都應該有一門手藝，這是人生立定根基最重要的基礎。路易十六就想：「學點什麼手藝呢？」想了好久，他學會了修鎖。路易十六之所以會成為一個技法高超的鎖匠，就是因為看了盧梭這本書。由此可見，盧梭在當時的影響力十分大，而且這種影響力並不完全是媚俗，他在媚俗的著作當中，還能夠灌注冷靜的思考。

實例分析：怎樣借鑑盧梭？

以上，我們基本上把盧梭的活法為大家剖析了一下，再講一下如何從盧梭的故事中得到啟示，還是以李源同學為例。

當時他就是這樣，第一，利用手藝，當每個月二百塊錢補助養不活自己的時候，就靠做點翻譯來生存；第二，抓住機會。有一次「羅輯思維」節目組要招暑期實習生，大家一起來拚命讀書，李源馬上就報名了。我們一看這小夥子不錯，讀書讀得多，是羅胖今後做「羅輯思維」重要的助力，馬上就招進來了，所以人家機會抓得也好。

但是招進來之後，我就跟李源同學講：「你不能一輩子靠替我找資料、整理文案過日子，這種生活不屬於你。屬於你的生活應該是什麼樣的？應該用你的生命去殺出一條血路，為那些研究高端、大氣、上檔次學問的讀書人找到一個新的活法。」

我為他做了這樣一個設想：這個社會有很多人想讀書但沒時間，於是就看「羅輯思維」，我說什麼，他們就只能聽什麼。那我們可不可以搞一個客製讀書會呢？比如說你很有錢，上面有老爺子、老太太，下面有幾個孩子，一家三代人，能不能開一個讀書會，指定一本書，讓李源同學事先讀好，然後利用週六下午一到兩個小時的時間，來主持這個讀書會。你再順便賞我們一、兩萬塊錢，讓知識份子也掙點生活費，李源同學不就找到了自己的全新市場了嗎？

當然，這個市場還可以再想，很多公司的老闆經常給員工買書學習，可員工哪有時間讀書啊？文字閱讀時代都過去了。我們能不能趁一次全員開大會的時間，抽出一個小時，讓李源替大家講講這本書裡大概講了點什麼，把老闆買書的這筆錢變成給李源同學的酬勞，這不也是一個全新的市場嗎？我個人堅信，這個市場在未來一定會發展起來。

這就是為什麼我要講盧梭，其實我想說的是「羅輯思維」自己。我原來也是吃公家飯的人，出來以後發現學郭德綱，在前門搭一個攤子說相聲，憑三寸不爛之舌，靠這個手藝我可以活下去。而且優酷、土豆網大整合以後，中國最強大的影音平臺出現了，這個機會我抓住了。

但是，我能不能找到一個新市場？比如那些電視臺撥給娛樂公司的市場……最關鍵的是，在這個過程當中，在大家有辨識能力的情況下，我有把自己對這個世界的很多想法告訴大家的內在衝動。如果這幾條做到了，我不也是盧梭三百年後的一個好學生嗎？沒準兒我也能做出一番自己的事業。

我們回過頭來再看盧梭，老先生肩不能挑、手不能提，一輩子除了抄樂譜，也沒參加過什麼勞動。國王給的年金他不要，跟意見領袖又鬧翻了，請問他是怎麼活下來的呢？他的財富是從哪兒來的呢？

盧梭還有一個辦法，靠「包養」。如果你覺得這個詞不好，那我換一個詞，靠「供養」。誰的供養？讀者、粉絲、受眾，他有自己打開的全新市場。

就像我們剛才講的，伏爾泰攆著他在歐洲到處流亡，哪兒都不要他，哪兒都攆他走。雖然他的心情是落寞的，但是每到一處住下來，馬上又感覺不錯起來，為什麼？因為當地的讀者，包括一些貴婦紛紛登門求教，甚至有人非要拉他到自己的莊園裡住上兩天。他這一生就是這麼過來的，到處都有人捧他，他吃自己受眾的百家飯，挺好的一生。

再說到我們「羅輯思維」，我要想開創出一條讀書人的新活法，就必須和原來讀書人的活法一刀兩斷，我不去讀什麼博士後，不去躋身什麼教育系統，在大學院校裡面謀得一官半職。我就在街頭搭下一個說書的攤子，靠大家供養。二〇一四年八月，五個小時內我們收到了一百六十萬元的會員費。我其實也知道，大家交會員費，憑的不就是一份愛、一份信任嗎？

第三章

怎麼做個明白人

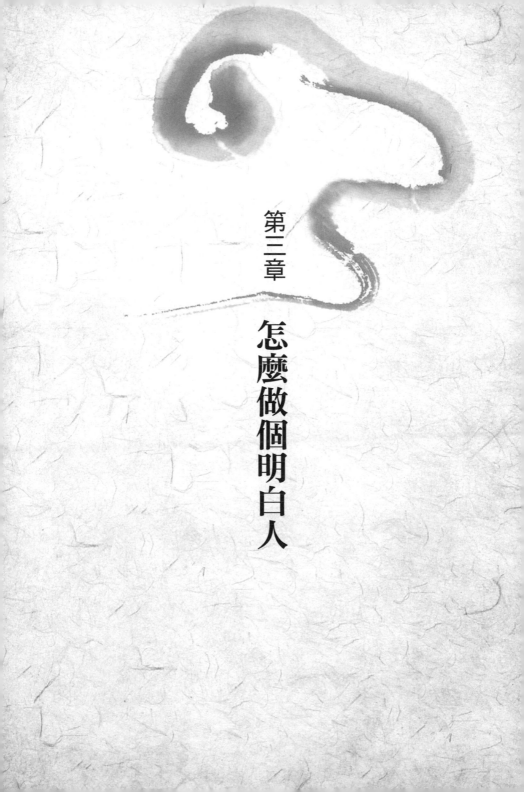

05 不敢犯錯的魯蛇——嘉慶

中國的歷史教科書有一個毛病，就是經常會出現大段大段的斷層，整整幾十年發生的事情，沒有任何記載。比如說整個東漢歷史，剛開始記載的是劉秀奪了天下，然後一竿子就插到了三國，沒人告訴我們，中間這二百年發生了什麼。

再比如說唐朝歷史，安史之亂結束後，就一竿子插到了五代十國，這當中有一百多年，發生了什麼？歷史教科書用四個字「藩鎮割據」來概括。好像那一百多年，只有一些詩人活躍在歷史舞臺上，政壇上發生了什麼，則模糊不清。

再比如說清代，大家都對「康乾盛世」津津樂道，可是乾隆皇帝去世是一七九九年的事，然後歷史教科書又一竿子就插到了一八四〇年，這當中足足有四十一年的空白，發生了什麼呢？

這期間清代還有兩個皇帝：嘉慶皇帝和道光皇帝。道光皇帝因為鴉片戰爭還比較有名，最倒楣的，就是嘉慶皇帝了。

嘉慶當皇帝當了二十多年，但是好像只給大家留下了一句話：「和珅跌倒，嘉慶吃飽。」似乎這個皇帝在龍椅上坐了二十多年，就只是捧著一個大「棒棒糖」邊舔邊吃。這棒棒糖是從和珅府裡抄來的，所以他很幸福。但是，嘉慶皇帝真的度過了幸福而悲哀到默默無聞的一生嗎？

這不符合常理。任何一個正常人，都會試圖在歷史上留下自己光輝燦爛的一生，更何況是一個手握大權的君王呢？所以嘉慶皇帝一定做了些什麼事，而且在整個中國歷史這個大座標當中，他一定有著什麼意義。

當然，對嘉慶一朝的研究，在歷史學界也不是什麼顯學，所以沒什麼人搭理這二十多年。直到我看到一本書，是歷史學家張宏杰先生的《乾隆皇帝的十張面孔》，這本書的最後一章寫的就是嘉慶皇帝。

你看嘉慶皇帝多悲哀，他的故事是附在他老子那麼厚一本書的最後一章，做為一個配角出現。可是這一章的題目，我覺得太有意思了，叫做「英明偉大到一事無成」。

一個皇帝如果一事無成，他怎麼可能英明偉大呢？如果他果然英明偉大，又怎會一事無成呢？

乾隆皇帝的三年考察期

要想破這個謎，就得把時間的指針撥到一七九六年的正月初一，這一天是嘉慶皇帝登基的日子。

在中國歷史上，皇帝的登基大典通常是沒什麼看頭的，因為新皇帝通常都是在老皇帝死後才能當皇帝的。國喪期間，民間尚且要停止一切娛樂活動，更何況皇家自己呢？所以在新皇帝的登基大典上，那些黃鐘大呂「陳而不作」，因為老皇帝剛死，現在是全國服喪期間，皇帝不哭著登基就是不孝。

但是嘉慶皇帝沒這個問題，因為乾隆皇帝這時候當太上皇了，所以他的登基大典是比較熱鬧的——至少是有音樂的，這在中國歷史上非常罕見。

從這一年開始，一直到嘉慶四年（一七九九年）正月初三乾隆皇帝駕崩，這整整三年間，我們可以想見，嘉慶皇帝過的是什麼日子。老皇上還在，大權不在他的手裡。

而且，乾隆皇帝也是一個飽讀史書的人，他知道太上皇沒那麼好當，唐太宗他爹李淵晚年當太上皇日子好過嗎？唐玄宗做太上皇的日子好過嗎？他太明白了，所以他防微杜漸，做了一系列的準備。

比如說，他原本為自己建了一座新宮，叫寧壽宮，但是當了太上皇之後仍住在養心殿，其實就是不願意放棄自己的皇權。連朝鮮使臣進貢這種小事，他都要跟使臣說：「皇帝雖然換了，大事仍然是我辦。」一個八十多歲的老頭，權力欲還是如此旺盛。

但是對於這個帝國來講，也不能說乾隆皇帝做得沒道理，他確實要留一個觀察期。他想看看：「原來的十五阿哥，我為他披上龍袍之後，到底會有一番什麼樣的表現？」

在這三年期間，嘉慶皇帝交出了一份令人滿意的答案卷，至少他對太上皇的孝心沒話說。按照當時朝鮮使臣留下來的記錄，嘉慶皇帝在老皇帝面前，眼神都不離開一下的，老皇帝一高興，他就跟著齜牙樂；老皇帝把臉一沉，他馬上也不高興，視太上皇之喜怒為己之喜怒，嘉慶在這方面做得是很好的。

這期間還發生了一件事，就是嘉慶皇帝的皇后死了。做了二十多年的夫妻，多多少少總是有感情的，但是嘉慶皇帝卻做出決定，喪禮按照當時最簡單的程序去辦。皇帝僅僅輟朝五天，文武大臣僅僅穿七天素服。

嘉慶皇帝為什麼這麼做？因為八十多歲的太上皇還在養心殿待著，老人最忌諱的就是死，而且忌諱一切和死有關的不吉利的事。所以新皇帝就特別擔心這一點，即使到皇后的靈堂去，都是到了靈堂門口才換上素服，出了靈堂立即換上常服。而且他知道自己死了老婆，是個不祥之人，所以他盡量避開太上皇經常出沒的那些道路。

太上皇也不傻，頭腦精明得很，他派了和珅去查看小皇帝現在在幹什麼，有沒有因為死了老婆而耽誤國事。和珅回來報告說，新皇帝完全沒有一點點悲傷的樣子，天天在那兒批奏摺呢！

這份答案卷交上來之後，乾隆皇帝是很滿意的。乾隆皇帝是一個孤傲的人，他晚年總結自己的一生有「十全武功」：兩次平定準噶爾之役、平定大小和卓之亂、兩次金川之役、鎮壓臺灣林爽文事件、緬甸之役、安南之役及兩次抗擊廓爾喀之役，並為自己起了一個名號為「十全老人」。就是說，做為皇帝，他把什麼都占全了，不僅高壽，文治武功也是一時極盛。

所以在這三年當中，乾隆皇帝最關心的問題就是，愛新覺羅家族的江山是不是所託非人？我選擇十五皇子來接替這副擔子，他是不是一個對的人？

一七九九年正月初三，乾隆皇帝離開這個世間的時候，他心裡是滿意的。

兢兢業業的聖賢君主

嘉慶皇帝即位的時候已經三十六歲，年富力強，從體力到精力各個方面都是最巔峰的時候，而且他從小接受的就是最標準的帝王教育。乾隆皇帝子女眾多，千挑萬選才選中嘉慶，所以在性格、道德、能力等方面，嘉慶皇帝都是一時之選。嘉慶皇帝在他二十多年的皇帝生涯當中，也確實當得起張宏杰先生給他的四個字的評價——「英明偉大」。

中國古代對一個聖賢帝王的所有要求，嘉慶皇帝不僅做到了，而且做得很好。

我們先說說他的「儉」，也就是摳。乾隆皇帝晚年的時候，對古玩字畫有一種遏制不住的貪欲。在他臨死之前，新疆葉爾羌地區發現了一塊重達兩噸的玉石，乾隆皇帝就命人速速運到北京。結果玉石還沒運到北京，乾隆皇帝就駕崩了。嘉慶皇帝馬上下了一封詔書給押運的官員，說不管運到了哪裡，就地給我扔掉，我對這沒興趣。透過這件事情，嘉慶皇帝向全國人民做了一個表態：他不喜歡這些玩意兒。他的一生對聲色犬馬、珍玩字畫都不屑一顧，甚至連玩，都是出於完成自己皇帝的使命。比如說他恢復了「木蘭秋獮」，就是每年去承德打獵，這也是為了傳承列祖列宗留下的打獵、尚武的好習慣。但是在這個過程中，嘉慶皇帝一點兒都不喜歡打獵，只是象徵性的比畫兩下，打兩隻兔子、兩隻麅子就收手，然後趕緊回去看奏摺。

張宏杰先生在研究當中發現，嘉慶皇帝在「木蘭秋獮」時的路線和時間，完全是按祖制來的，就是說當年他爺爺、他爹走哪條路，哪天早上幾點鐘出發，晚上幾點鐘收隊，他也完全照著來。

還有一個「勤」的故事。清代皇室有一個經典的娛樂活動，就是看冰技，讓一些太監以及從外面請來的藝人，在凍起來的湖面上表演花式滑冰。有一年冬天，嘉慶皇帝看完之後，就回到自己的辦公場所，命人把當天的奏摺拿來。太監跟他說，大臣們覺得天氣這麼冷，皇上又看了一上午表演，可能比較累了，就沒有提交奏摺。

嘉慶皇帝氣壞了，他下了一道諭旨，申飭大小官員，說：「我天天起五更為這個國家操勞，你們居然因為天冷，還藉口心疼我沒有上奏摺，讓我沒事幹，我是這麼勤政的一個皇帝，怎麼能讓我沒事幹呢？」這在清代歷史上很少見，但在嘉慶朝就發生過好幾回。

還有一次，他參加完祭祀，大概早上十點鐘回到辦公場所，說要召見官員。結果當時主政的睿親王說：「今天天氣太熱，而且您上午已經為祭祀忙了半天，我把今天要接見的官員和明天要接見的幫您合併了，明天一起見吧！」

嘉慶皇帝又是龍顏大怒：「你怎麼能這麼做？我就是要靠勤政在歷史上留下自己的地位，你居然讓我偷懶一天！」然後就命人把睿親王送到宗人府議罪，並罰俸。

嘉慶皇帝一直就是用這種執政方式，來確保自己是一個絕代的、英武的、按照聖德典範來行事的君王。

嘉慶皇帝的好處真的是說不盡，包括他過五十大壽的時候，有一個御史上了一道奏摺，說：「按照祖制，咱們在京城小小的熱鬧一下，演十天戲吧！」

這奏摺馬上就被嘉慶皇帝踢回去了，他說：「你可是御史，怎麼能慫恿我這個做皇帝的人去玩呢？如果我要玩，你御史的責任也應該是攔住我去玩。」嘉慶還把這個御史發配到了邊疆極苦的地方去當差。這就是嘉慶皇帝，對自己要求極嚴。

可能有人會對嘉慶皇帝有些誤解，覺得他很殘暴，很嚴厲。但嘉慶皇帝還真不是這樣一個人，其實他是一個非常體恤臣下的人。

史料中有這麼幾個小故事。有一次，湖北學政楊懌向皇帝彙報當地的情況。當時正是大夏天，皇帝非常熱，但是一看到楊懌進門，他立即就把扇子放下了，因為君臣奏對之間，臣子是不能揮扇的，臣子即使汗珠劈里啪啦往下掉，也不能搧扇子，這是禮制。嘉慶皇帝為表示與大臣同甘共苦之意，即使汗濕重衫，但是也沒有拿起過那把扇子。楊懌到晚年寫回憶錄寫到這一段的時候，依然感動得痛哭流涕。

嘉慶皇帝去木蘭秋獮，路上經常遇到百姓攔轎告狀，他每次都命人把轎子停下來，親自審理案件，如果不能親自審理，也會命人把這個案件立即批轉地方，要求盡快解決。

而且他在當時還推出了一次小改革，就是「紫禁城騎馬」，這是給功高大臣的一種恩賞，就是進了宮門可以不下馬，一直騎到要去的地方。可是有些漢族大臣不會騎馬，他又允許享受「紫禁城騎馬」待遇的漢族大臣坐轎，特別是那些年邁力衰或體弱多病之人。

但嘉慶皇帝也不是膿包。比如說一七九九年正月初三乾隆皇帝剛剛晏駕，正月十八他就把和珅幹掉了，三尺白綾賜死。所以，他又是一個非常決絕的人。

執政初期，堅決懲貪

嘉慶皇帝在他執政的二十多年間，其實推動了當時他能夠想像到最大力道的改革。

這個時候他遇到的最大問題就是貪汙腐敗，是到要打蒼蠅、打老虎的時候了。可是這蒼蠅、老虎不是一天養成的。其實在乾隆朝後期，整個大清王朝的官員系統就已經到了通體皆爛的程度，蒼蠅、老虎已經形成了常態。這也就是說，這個時候辦貪汙案，只要辦一個，一定是牽一髮而動全身，一抓就是一大串。

其中最典型的一個案子是甘肅的「冒賑案」。當時，整個甘肅省官員都想弄點外快花花，於是就說甘肅這裡遭災了，把沒災說成有災，把小災說成大災，然後陸陸續續貪汙了八百萬兩銀子。最後全省官員就按官職大小，活生生把這筆錢私分了。

「冒賑案」東窗事發之後，乾隆皇帝暴怒不已，但又無計可施。因為如果按照大清律例判罰，全省官員都得處死，可他們一死，整個甘肅省就沒官員了，這哪兒行啊？所以乾隆皇帝不得不重劃生死線，規定拿二萬兩銀子以上的砍頭，拿二萬兩銀子以下的准許戴罪立功，繼續辦公。清王朝到這個時候已經變得很荒唐了。

嘉慶皇帝上臺之後，第一件事就是打老虎，先把和珅扳倒了。扳倒之後，從他的府裡搜出八億兩銀子。這是什麼概念？這筆錢足以抵得上當時大清王朝十年的歲入。

這還不算完，因為這只是一隻大老虎，還有很多小老虎，很多大蒼蠅、小蒼蠅，所以嘉慶皇帝要接著來。在嘉慶執政初期，我們看到的是一種勃勃向上的生機，至少在皇帝的諭旨裡，我們能看到這種決心：「殺伐決斷，堅決懲貪。」

就在和珅跌倒的第一年，全國十一個總督被扳倒了六個。據張宏杰先生研究，從嘉慶七年（一八〇二年）到嘉慶十年（一八〇五年），地方上幾乎每個月都有督撫的人事變動，說明那個時候，皇帝非常著重從人事上徹底解決貪汙腐敗的問題。

但是古代王朝的皇帝其實是非常可憐的，因為他要控制那麼大一個帝國，可以使用的手段卻很少。

當年的嘉慶皇帝也一樣，因為中國儒家發明的所有治理天下的技術裡面，無非就那幾條：從政是寬一點兒還是猛一點兒；對待官員系統是嚴一點兒還是鬆一點兒。所以嘉慶皇帝剛開始懲貪力道非常大，但是後來發現根本就沒有辦法解決通體皆爛的問題。

舉個例子，他當時推出了很多廉政模範，其中有一個御史是當年炮轟和珅的第一人，嘉慶皇帝覺得他幹得好，就派他去管四川的軍需。後來嘉慶皇帝發現這個人非常能幹，又把他調回北京當兵部侍郎。

此人當上兵部侍郎的第一年，就貪汙了四萬兩銀子！而在這一年當中，嘉慶皇帝反覆要全國官員向他學習。他這不僅是在貪汙犯法，還是在打皇上的臉。

就這樣，在力行懲貪幾年之後，嘉慶皇帝覺得非常無力，不管自己怎麼做，是鬆一點兒、緊一點兒，不管怎麼苦口婆心的說，都沒有用。

在關於嘉慶朝的很多史料中，我們會發現這個王朝已經不只是一個腐敗的王朝，還是一個癱掉的王朝——一個軟弱無力到讓所有人都大吃一驚的王朝。

比如說有一次皇帝出行，文武百官護駕，路上皇帝問起兵部尚書掌管的調兵大印。兵部尚書竟然回答說沒了。怎麼沒了呢？丟了。這還得了？萬一這個時候全國哪個地方出點事，皇帝在半路上連兵權都沒有。嘉慶皇帝就命人趕緊追查。

追查結果出來後，君臣上下全傻眼了——這大印三年前就丟了。原來兵部的司員一直瞞著這件事，導致兵部大印丟了三年居然都沒人知道。這種荒唐事就發生在這個時候，而且追查也沒有下落。

嘉慶一朝還有很多這樣的荒唐事。有一年的武科考試典禮，皇上都出席了，整個大典卻進行不下去了，因為武狀元和武探花都沒來。沒來的原因也讓人瞠目結舌，原來是當值人員忘了幫他們開門，武狀元和武探花圍著紫禁城轉了一圈，也找不著門，然後這大典就停止了。另外一次是皇帝舉行大典，一個親王竟然因為在家抽鴉片把這事忘了，也就沒有參加。

有一次，皇帝到皇宮周圍散步，發現宮門口有人養羊，而且就在御花園裡吃草。原來這是太監為了補貼家用，在宮裡面養的羊。事情竟然能荒唐到這種程度。

還有一次，皇帝在出行的過程中，有一個人窮極了，心想：「反正要死，就得幹一件驚天動地的大事。」於是拿著一把明晃晃的鋼刀直奔皇帝的轎子而去。當時所有護從侍衛都目瞪口呆的愣在當場，沒有一人衝上去護駕。這個人一直衝到皇帝的轎子邊上，才被一個隨駕的親王拿袖子撲上去，把他的刀搶了下來，這個時候護衛們才回過神來，一起把這人按住。當時所有人都覺得此人是受人指使的，結果一頓毒打、上盡了酷刑之後才發現沒人指使。就這麼一個人，竟敢衝到嘉慶皇帝的轎子旁邊行刺，這也是非常奇怪的事。

這樣奇怪的事實在是太多了。最奇怪的是一幫受當時的邪教——天理教——蠱惑的教民，糾集了二百多人，趁嘉慶皇帝不在北京的時候攻打紫禁城，而且居然攻進去了，因為有幾個皇室宗親和一些入教的太監裡應外合。

這些人最後打到了臨近儲秀宮的地方，才出現了一個很神武的人，這個人就是道光皇帝旻寧，當時他還是皇子。旻寧帶領宮廷的侍衛，手持一些鳥銃、抬槍之類的武器，把這次叛亂平定下去。

但是這件事情太荒唐了，歷朝歷代怎麼會宮禁不嚴到這種程度？嘉慶皇帝接到旻寧報告的時候，真是想死的心都有了。他覺得：「我遵從歷朝歷代對一個聖主的道德要求，什麼都沒有做錯，我又如此勤政愛民，如此體諒大夥兒，為什麼天下變成了這副德行呢？」

所以他當天在郊外的行宮，用朱筆親手起草了一份罪己詔，大概意思就是這次全怪我自己，但是以後要勵精圖治，別把這個江山治理得對不起列祖列宗。

這份罪己詔當中有四個字，叫「筆隨淚灑」，就是一邊寫一邊灑淚。這個時候我們真的可以體諒一下嘉慶皇帝，自詡為一代聖主，而且真的在這樣做的人，為什麼就把天下治理成這樣了呢？幾百年之後，我們再替這位老人家想一想，他當時又有什麼辦法呢？

財政危機的爆發

嘉慶王朝後期遇到的最大問題還是在「錢」上。一個王朝所有的危機總爆發，最後都會體現為財政危機。

大家可能會覺得奇怪，不是說「和珅跌倒，嘉慶吃飽」嗎？他應該打著飽嗝才對啊！歷朝歷代皇帝都能缺錢，唯獨這位嘉慶皇帝不該缺錢啊！八億兩白銀，相當於十年的國家財政收入，平攤到嘉慶執政的二十多年，省著點兒花也夠了，他最不應該缺錢。

如果你這麼想，就說明你不太了解一個封閉的財富系統的特徵。一個封閉的財富系統，如果沒有新來的增量，僅靠一個確定的存量，不管這個存量有多大，它的花銷一定會超過存量，最後還是不夠花。

舉個簡單的例子，《紅樓夢》裡的賈府，不能說缺錢吧？白玉為堂金作馬，占著房躺著地，外面有田莊，皇上還經常有賞賜。但那又如何？還是不夠花。王熙鳳說得好：「大有大的難處。」攤子鋪得太大，最後光是太太、小姐、公子使喚奴僕的那些月例銀子，都會把賈府的財政掏空。

晚清著名的盛宣懷號稱富可敵國，那又如何？一旦喪失了權力，沒有了新來的生意，原來的那點兒錢根本禁不住家裡人敗。他們家的公子，娶了十二個姨太太，於是到第二代就敗落了。

當年的嘉慶皇帝也是一樣，雖然看著八億兩銀子挺多，但是打一場仗，鎮壓一下白蓮教，二億兩就沒有了。而且當時是中國的人口危機、土地危機、流民危機幾乎同時爆發的一個時代，那點錢根本就禁不住花。

怎麼辦呢？當時其實他眼中能看到的，無非是向左、向右兩條路。所謂向右，就是「簡政放權，激發民間經濟活力」，允許大家做各種經營。但這件事情嘉慶皇帝看得很明白，卻不能做。

比如說嘉慶四年（一七九九年）的時候，北京城有兩個平民上書，說：「我們要申請開礦，開了礦國家就有錢了。」嘉慶皇帝親自下諭旨，說這事絕對不能幹。為什麼？第一，開礦會聚集大量的流民，這些流民聚到一塊兒，誰知道他們會幹出什麼事？

第二，我是儒家培養出來的聖主，怎麼能捨本逐末，讓大家放棄農耕而去追逐蠅頭小利呢？

所以，「簡政放權，激發民間經濟活力」這條路行不通，我們隔著二百多年的時光來看，這是一條正路，但在當時的嘉慶皇帝看來，這卻是一條邪路。

那向左呢？就是「用嚴刑峻法懲治貪官汙吏」，讓吏治更清明，讓政府更節約，以此解決財政危機。當時很多清流士子、士大夫也想到了這一條。其中最著名的一個人，就是嘉慶朝的名臣洪亮吉，他被稱為「中國的馬爾薩斯」。

洪亮吉當時靠著自己清流的身分，給嘉慶皇帝上了一份很不客氣的奏摺，大意就是說：「這個王朝已經爛到根兒了，但這也不怪你，打你爹起那時候就不行了。」他說了些特別難聽的話，基本上把大清王朝上上下下罵了個遍。那他的解決方案是什麼呢？就是：「用我們清流，因為我們是儒家士子。」

後來嘉慶皇帝確實也這麼做了。他任用了很多缺乏行政能力但是聲望很高的清流士大夫，但是這能解決問題嗎？尤其是洪亮吉這份奏摺，把嘉慶皇帝和乾隆皇帝一塊兒都罵了，這就已經不是反腐的問題了，幾乎觸及了嘉慶皇帝的底線。他是在否定皇帝執政的合法性，而且大清王朝真的慘到了你洪亮吉說的那個份兒上了嗎？所以，後來嘉慶就把洪亮吉下了獄，本來想要處死他，但後來改為發配流放了。

這當中還有一個小細節，嘉慶皇帝在把洪亮吉抓起來之後，給刑部下了個諭旨，說：「讀書人不可動刑。」這也可以看出嘉慶皇帝確實是一個仁德的好皇帝。洪亮吉後來從流放地回來之後，一輩子對嘉慶皇帝感恩戴德，就是因為這麼一句話。

但是不管怎麼樣，洪亮吉觸犯嘉慶皇帝大忌從而獲罪，也就標誌著嘉慶皇帝把「用嚴刑峻法懲治腐敗貪官」這條路走盡走絕了，他決定走回頭路。

走回頭路的守成之主

右也不能走，左也不能走，只能走回頭路，要走到哪兒呢？在嘉慶皇帝當時的處境裡，只有一條路：做一個守成之主。我要敬天法祖，意思是我心裡畏懼老天，然後按祖宗成法去做事。這個國家好也罷壞也罷，我認了。即使我到地下去見列祖列宗的時候，也沒有太大的責任，因為我是按你們教下來的這套辦法辦的。

所以在嘉慶十年（一八〇五年）的時候，他帶著文武百官去大清王朝的龍興之地盛京，拜謁了各個祖先的陵寢。在路上，他寫了一篇他認為很重要的文章，叫〈守成論〉。

這一年，嘉慶皇帝算是把自己的統治思想穩定下來了，就是別瞎弄，各朝各代到我這一階段的時候都容易出亂子。比如說宋朝，用王安石變法，變來變去一天不如一天。所以我們現在不變了，要守成，就按列祖列宗說的辦。

所以嘉慶十年之後，我們幾乎不認得這位皇帝了，他雖然還是那麼勤政愛民，還是那樣道德高尚，但是銳意改革的影子在他身上再也找不到了，他變成了一個徹頭徹尾的守成之主，不管大事小情，都要去查前朝實錄，我爸爸、我爺爺、我爺爺的爸爸是怎麼辦這件事情的，然後就按他們說的辦，不再做任何創新。

有一次宮城裡面失火，幾個太監見狀趕緊把宮門關閉了。因為他們多了一個心眼兒，這幾年出事太多，天理教都能搞二百多個人攻打紫禁城，他們怎麼知道這次失火是不是有人預謀的恐怖行動呢？如果外面有人包藏禍心，先在宮裡點一把火，然後衝到宮裡面假裝救火，就會釀成大亂。

嘉慶皇帝當時覺得這麼處理很好。可是過了幾天，他翻了翻乾隆朝實錄，突然發現沒遵祖制。原來乾隆皇帝當年也遇過這種事，但乾隆皇帝御筆親批，如果宮內著火，馬上打開宮門，讓外面的人進來救火。所以嘉慶皇帝趕緊撤銷對太監的表揚，非但如此，他還把那幾個太監處分了。

在這個時候，他已經完全沒有能力去應變，去根據實事因果、環境的變化去處理自己面對的問題了，這就是晚年的嘉慶皇帝。

嘉慶皇帝晚年在和臣子的對話中，經常會有一些口頭語，比如說「哎呀，這可怎麼辦？」「這可不得了。」晚年嘉慶給我們留下的印象，有點兒像一個村口曬太陽的老頭兒，生活的艱苦已經摧折了他所有的銳氣。

嘉慶皇帝執政二十多年之後，就這樣撒手人寰了，他的死也是一個謎。有的歷史學家說，他是被雷劈死的。在中國儒家的傳統認知裡，如果一個人遭天打五雷轟，這說明他已經上干天怒，下場非常慘，所以一個用聖主要求自己的、道德非常高潔的帝王，淪落到這樣的下場，真的是一個悲劇。

囚徒困局怎麼破？

嘉慶皇帝所處的那個環境，是時代、民族、文化為他這個人打造的一個牢籠，他四面碰壁而不得其解，這有點兒像唐吉訶德，拿自己的長矛和假想的魔鬼風車作戰，最後的結局是扔掉長矛，坐在地上長吁短嘆。

從政治角度上講，我們不能妄斷嘉慶皇帝當年有更好的選擇，像他這麼聰明的人，道德又這麼高尚，他已經盡了最大的努力。我們必須承認，有些困局是無解的，這是做為政治上的嘉慶皇帝；但是如果做為一個個體的人，也許他還有其他的選擇。我寧可看到 個像乾隆皇帝晚年那樣的人，有點兒小虛榮心，有點兒自信心破表，雖然對這個帝國也感受到了危機，但還在不斷想各種新奇的辦法去解決它；甚至他會無視這些問題，表現得非常倨傲……我覺得這樣的人生，比嘉慶皇帝那種灰暗的結局要好得多，所以我在這篇文章的最後，特別想講一點人生的選擇，也是我認為應該做的人生選擇。

學著欣賞左衝右突的人

我們以另外一個羅胖子——羅永浩推出的錘子手機為例。有的人對這款產品切齒痛恨，說這款產品的某些方面背離了羅永浩的人生觀，背離了他的世界觀，說羅永浩就是在搞傳直銷，就是行銷做得好，就會吹牛皮，就是不要臉，他一定沒有好下場，錘子手機一定賣不好。

我假設這個批評者對，但這又有什麼用呢？毀滅掉一個商業神話，他的人生也沒有獲得什麼。就算他說對了，無非證明他有一個否定性思維的勝利，他預測了一次失敗，但這對他人生的成功毫無用處。

我們在嘉慶皇帝身上也看到了這種潛質，因為他一生都在追逐那些最正確的東西，所有偏離這個東西的，他的態度都是否定、否定、否定、不行。最後他死在現場，抱著他那個「正確」死掉了，而且人生過得非常灰暗。

最近有記者問我：「你怎麼看老羅推出的錘子手機？」其實我們雖然都姓羅，而且都是胖子，但並不認識。我覺得老羅這個行動非常好，至於這款手機的成功與否，就讓市場去做決定，我們在這裡不用評價。但是我覺得，羅永浩偏離了公眾認識的正確標竿，找到了世界的一個新方向，拚命而且認真。他打穿了一個小孔，從這個小孔裡折射出一些陽光，照亮了我們所有人的生命，至少讓我們的世界變得更有趣了一點點，這有什麼不好呢？

我們做為與此無關的人，哪怕不願意去當他這個手機的用戶，但我們只要用一種欣賞的姿態，看著羅永浩和他的認真努力，又有什麼不好呢？

所以我想，也許我們不能對更大的國家、民族、人類負責，但是我們至少可以做到，不再抱定我們認可的那個「絕對正確」。我們可以用一種欣賞的思維，來看待每一個為我們左衝右突的人，這樣我們的生命就會被點亮一點，為什麼不這樣做呢？

06 迷茫時代的明白人——李鴻章

李鴻章活著的時候，腦袋上有兩頂大帽子：漢奸、誤國權臣。當時有人專門寫了兩副對聯描寫他，對此說得很明白。

第一副：「楊三已死無蘇丑，李二先生是漢奸。」楊三是當年北京城一個著名的丑角演員，大名楊鳴玉，因在家中排行老三，故稱楊三，是徽班進京後由演唱徽調、崑腔演變為京劇的十三位奠基人之一。楊三正好在「馬關條約」簽訂（一八九五年四月十七日）之前死了，所以老百姓就編了這麼一副對聯。這副對聯對得特別工整——「楊三」對「李二」（李鴻章在家排行第二）；「已死」對「先生」；「無蘇丑」對「是漢奸」。這就是一頂漢奸帽子。

第二副：「宰相合肥天下瘦，司農常熟世間荒。」「宰相合肥」指的是李鴻章，他是安徽合肥人，官至直隸總督兼北洋通商大臣，授文華殿大學士，其實就相當於宰相。所以上聯是一語雙關，意思是：「你們家倒是肥了，可老百姓家瘦啊！」「司農常熟」指的是當時的軍機大臣兼任戶部尚書翁同龢，他是江蘇常熟人，掌理著國家財政，相當於今天的財政部長兼內政部長。清朝人雅稱戶部尚書為大司農，所以下聯就是說：「你們家有糧食吃，老百姓地裡都是荒的。」這副對聯裡說的兩個人都是誤國權臣。

客觀的講，真要把這兩頂帽子給李鴻章是有點不公平的。

首先說漢奸，無非是因為「馬關條約」、「辛丑合約」都是李鴻章主持簽訂的，但他也是沒辦法。當年打甲午戰爭，他說：「不能打。」可光緒皇帝卻說：「怎麼不能打？跟英法打可能打不過，日本蕞爾小國有什麼打不過的？打！」結果打輸了。再說，李鴻章也為這場敗仗付出了政治上的代價——被拔去三眼花翎革職了。

但慈禧太后還是不肯放過他：「革職就完事兒了？哪有這麼便宜的事！跟外國人談判，尤其是跟日本人談判，還得你李鴻章去，因為只有你有這能耐。」所以李鴻章不得不又揣著一頂帽子——頭等全權大臣，跑到日本去簽「馬關條約」。在日本期間他還遇了刺，帶著一臉血就去了談判現場，後來日本人因為此事不得不在談判條件上稍做了讓步。所以，能說他是漢奸嗎？

關於「辛丑合約」，李鴻章就更冤了。當年慈禧太后帶著端郡王載漪跟義和團在北京胡鬧的時候，李鴻章在南方當兩廣總督，所以這件事和他根本沒有關係。慈禧太后把這攤子弄得一塌糊塗之後，帶著光緒皇帝逃到西安去了，路上匆匆給李鴻章發了一封電報說：「你快回來，把爛攤子給我收拾了。」李鴻章當時已經將近八十歲了，哆囉哆嗦從廣東趕到北京，在賣國條約上簽了字，兩個月之後就憂憤而死。所以，能說他是漢奸嗎？這公平嗎？

再說誤國，這其實主要歸因於整個晚清的官僚和皇家系統。而李鴻章在這裡面扮演的角色，反而是引導國家往近代化方向走的洋務運動主要領導人。所以說他誤國就更不公平了。

現在網路上有很多人都在說：「李鴻章一八九六年在俄國受賄了。當時俄國人為了簽『中俄密約』（即『禦敵互相援助條約』），給了李鴻章好大一筆錢——三百萬盧布。」但是這件事在歷史學界是沒有定論的，直到今天還存在大量的爭論。因為所謂的李鴻章受賄，無非是俄國財政部存有一份檔案，說當時為了簽這個條約，沙皇撥了一筆三百萬盧布的基金，以李鴻章基金的名義存在華俄道勝銀行，至於這筆錢後來有沒有給李鴻章，就眾說紛紜了。

但是事件的關鍵當事人，也就是俄國當時的談判代表維特伯爵，後來明確表示這個錢其實沒有給李鴻章。所以李鴻章到底有沒有拿錢，這件事始終是一個懸案。

回到具體的歷史情境

雖然在我們看來，李鴻章在當時絕對屬於高富帥，但是在國際場合他就經常洩了底，留下了各種笑料。比如美國有一道菜，叫「李鴻章雜碎」，就是因為李鴻章吃雞不用刀叉，直接拿手招呼，美國人也沒辦法，為了遵循外交禮儀，只好學他也用手。後來美國人就乾脆把西餐和中餐合在一起，發明了這道「李鴻章雜碎」。

再講幾件李鴻章在俄國出醜的事。一八九六年，他到俄國聖彼得堡簽「中俄密約」，首先要去跟財政大臣維特伯爵談判。據維特伯爵記載，在客廳接待李鴻章時，問老爺了抽不抽煙。李鴻章說好，然後就發出了一聲公馬似的號叫：「上煙哪！」接著就跑出來幾個中國人開始伺候他抽煙，有的擦火，有的捧煙斗。李鴻章什麼都不用動，就動嘴。維特伯爵堂堂一個沙皇貴族，哪裡見過這架勢？當時就覺得李鴻章很粗魯。

還有一件事兒，也能看出李鴻章的風格。法國駐北京公使叫施阿蘭，是個法國貴族後裔，當時比較年輕，火氣很大。恭親王跟這個法國公子打交道的時候，特別頭疼，結果李鴻章就主動請纓跟他打交道。他往那兒一坐，問道：「小孩兒，你幾歲了？」李鴻章後來解釋說，他知道西方人最忌諱別人問他歲數，所以故意這麼問。然後接著說：「你不就是施阿蘭嗎？去年我在法國的時候，跟你爺爺談了好半天呢！」據他自己記載，施阿蘭當場就俯首貼耳，沒了氣焰。

關於這件事，我覺得李鴻章是在意淫。按照中國人的邏輯：「我跟你爺爺同輩，那你就是我孫子。」但法國人哪裡講這一套？所以這應該是李鴻章自己的幻想。但是，這確實也是沒有辦法的辦法。弱國在做外交時，有時只能用點耍無賴、打痞子腔的方法，讓別人至少接收到一個訊號：「我不怕你，我敢跟你胡來。」

後來還有一件事，一八九六年李鴻章到俄國參加尼古拉二世的加冕典禮，慶典在霍登廣場舉行，當天發生了踩踏事件，導致兩千多人死亡。見此情景，他就問維特伯爵：「這事兒你會報告給你們皇上嗎？」維特說：「當然了，這麼大的事，死了兩千多人呢！」李鴻章說：「你傻呀，別說！我當年在當直隸總督的時候，那裡發鼠疫死了好幾萬人，我就不說。我為什麼要讓皇上他老人家增加這種負擔呢？皇上吃不好睡不好，對國家有什麼好處呢？我向朝廷上奏摺的時候，就說都好著呢！」他視維特伯爵為後生小子，然後倚老賣老的把中國官場這種欺上瞞下的事，當作先進經驗傳授給人家了。

上面這幾個故事絕對不是單純為了抹黑李鴻章，我想說的是，在當時的歷史情境下，中國是一艘孤獨行進的航船，突然遇到西方的現代文明後，它是張皇失措的，你不能太苛求當時的人。

維特伯爵在他的回憶錄裡面還說了一段話：

我承認，李鴻章確實是一個著名的國務活動家。雖然他在他們國家受過很高的教育，很有文化，但是以歐洲人的視角來看，他既沒有受過什麼教育，也沒有什麼文化。

這段話是很有內涵的，他把對個人的評價，直接提升到了文明的對比當中。就是說，你在你的文明系統中再怎麼厲害，跟現代化的文明一比，馬上就土得掉渣了，就顯得沒文化、沒受過教育了。這就是現代化端到中國人面前之後，我們這個民族遇到的最大問題。

我們現在隔著一百多年，當然可以批評李鴻章，說他賣國、不懂事。他死了兩個月後，梁啟超寫了著名的《李鴻章傳》，裡面有三句話：「吾敬李鴻章之才，吾惜李鴻章之識，吾悲李鴻章之遇。」就是說李鴻章很有才能，但是可惜他的見識不夠，而且他一生的遭遇、情境、境遇都很悲哀。

知識份子這麼說是無可厚非的，但如果同時代的人這麼說，就缺少一份諒解。什麼叫「見識不夠」呢？每一個人所處的環境都是在具體的經驗、傳統、境遇當中，無論是悲也好、惜也好、敬也好，我們都只是局外人在旁觀罷了。一旦我們置身到他的環境中，你遇到的全部是每一個時刻最具體的選擇。

現在回頭去看那段歷史，知道當時只要改革、維新就能富強，當時誰不想富國強兵？可是眼前這一步，遇到的最具體的一個問題是：「該怎麼做？」不是說造艦、造炮、建工廠，推動市場經濟，國家就會馬上繁榮起來的，具體負責的人有具體的難處。包括寫《李鴻章傳》的梁啟超，後來列了民國也當過司法總長、財政總長，卻幹得一塌糊塗。所以每一個具體情境裡的人，都有他具體的難處。

這讓我想到了一個寓言，叫「愚人船」。說有這麼一種船，船艙是密閉的，所有駕駛的儀器、船臺全部在這船艙裡頭。陌生人走到船艙裡面之後眼前一團漆黑，只能慢慢摸索，他看不到外面，也接收不到任何訊號。而甲板上有一幫人在喊：「哎呀！你往這邊開，那邊有礁石，不能往那邊走！」這幫人喊破了嗓子，他也聽不見，只能在船艙裡乾著急。突然，船似乎撞到了什麼，劇烈的搖晃起來，他也很著急，想聽聽外面的人到底在喊什麼，但是外面的聲音隔著厚厚的甲板，根本傳不到船艙內。

這就相當於我們今天和李鴻章對話的困境，李鴻章做出的選擇，只能基於他當時所處的環境。所以，今天我們去苛求古人，無論是誇李鴻章還是罵李鴻章，其實都毫無意義。

就在這樣一條愚人船上，就在這樣一種前景不分明、現狀很糾結的情況下，李鴻章是怎麼做的？而他的做法對今天的我們有什麼樣的啟發意義呢？這就要首先了解一下李鴻章其人。

李鴻章的一生

用李鴻章自己的話講，他這一生是「少年科甲、中年戎馬、晚年洋務」。一八七〇年之前，他是讀書、做官、帶兵打仗，跟太平天國和捻軍對抗。一八七〇年的時候，他被調到天津接任直隸總督兼北洋大臣，展開了持續二十多年的洋務運動的實驗，這是他人生最輝煌的頂峰。一八九四年甲午戰敗之後，他被拔去三眼花翎，到北京投閒置散，當了一任閒散的京官，「落架的鳳凰不如雞」，這時候他既沒權、沒錢又沒威風。但是到風燭殘年的時候，又迴光返照了一把——慈禧把他派到廣州當了一任兩廣總督。時間不長，又調回北京，簽完「辛丑合約」兩個月之後去世。這就是他一生最簡短的介紹。

晚清有三個人是最重要的，一個是慈禧，一個是曾國藩，另一個就是李鴻章。特別湊巧的是，這三個人都屬羊。所以後來革命黨人就開始造謠：「屬羊的命苦。」這個說法一直到今天還在民間流傳。

但是，我們回頭看，這三個屬羊的確實命苦，三隻羊拖著中華民族這輛破車，一步一步的、艱難的、毫無方向感的往前趕，能不難嗎？更何況周邊還有那麼多反對的聲音。而且只要你具體做事，就得承擔具體的責任，反對的聲音就會千奇百怪，花樣百出。

舉個例子，甲午戰敗之後，李鴻章來到了國人皆曰「可殺」的地步，但是每個人殺他的理由又不一樣。有一派觀點說：「你是漢奸嘛！要不然你怎麼畏戰、避戰、打敗仗呢？肯定是日本天皇給了你錢。」這個說法直到今天還有。

另外一派觀點的代表人物，是當時的湖南巡撫陳寶箴。陳寶箴當年向朝廷上表，說：「李鴻章可殺，這我同意，但是我的理由跟別人不一樣——他明明知道打不過，為什麼不說呢？即使說了也沒大聲說，應該死乞白賴、滿地打滾的說；他如果投闕瀝血自陳，他如果以生死去力爭，十之七八可回聖聽。」

這是什麼意思？就是說李鴻章應該抱著光緒皇帝的大腿說：「您就聽老臣的吧！不聽我就死給你看，不聽我就要上吊、抹脖子，就碰死在您面前。」那樣沒準兒光緒皇帝就聽了李鴻章的呢！

現在聽著挺有道理，但是不覺得這對當事人太苛刻了嗎？李鴻章做為臣子，能這麼辦嗎？他已經跟朝廷說了：「打不過，不能打。」但朝廷卻說：「下定決心了，非打不可。」於是他就拚命去打。敗了承擔責任就好，陳寶箴站在一個局外人和事後諸葛的角度對他橫加指責，這就沒有道理了，太不公平！

這也提醒了我們，不能用今天的是非標準去評判當年人的是非對錯。所以要認識李鴻章，我們就要穿越到當時一人一時的具體情境中去。更好的方法不是講是非對錯，而是講當時的對比，我們把幾個當年的厲害大人物跟李鴻章擱在一塊兒，來看看李鴻章今天能為我們提供的價值到底是什麼。

李鴻章PK左宗棠：不沉浸於過往恩怨

我們先來拿一個人和他對比，左宗棠。左宗棠此人不得了，湖湘大才子，他自己也不客氣的說：「古時候有個諸葛亮，今天有個左宗棠，所以我是今亮。」他的功績確實也很大，早期參加鎮壓太平天國，後來又帶兵收復了新疆，戰功卓著。

但是這個人有個毛病，就是他一生都活在自己的輝煌歷史和人情恩怨之中。比如說他西征的時候，就總跟曾國藩過不去。雖然曾國藩跟他不和，但對他還是不錯的，他為左宗棠辦理後勤總是盡心盡力，而且把自己手下的湘軍大將劉松山派給他用，還把整個部隊都劃給了他。但是左宗棠不管那一套，每天升帳之後，跟將領們說上三言兩語，就岔到罵曾國藩身上去了，搞得湘軍將領面面相覷。

後來西征結束，新疆也收復了，北京的恭親王一聽，左宗棠是人才啊！天天看摺子都說到他，把他弄到北京來好了，天天為咱們說說故事、出出主意，人家是當今的諸葛亮嘛！一定得放在朝廷裡。最後就把他弄到北京當了軍機大臣。

「請神容易送神難。」左宗棠每天往朝房裡一坐，就開始吹噓自己西征的戰績。有一次，李鴻章給朝廷上了一道摺子，叫「籌議海防摺」，這是中國近代史上建設現代化海軍的第一份大型企劃案。恭親王拿出這道摺子說：「咱們議議吧！」左宗棠拿來一看，說：「海防很重要，但塞防也很重要啊！想當年老夫在西征的時候……」一說就是一整天。恭親王也沒辦法，左宗棠歲數又大，又是大功臣，還是自己請來的，只能笑咪咪聽著。聽一天可以，可是他老人家竟然連續說了半個月。恭親王後來實在受不了了，乾脆把摺子收起來不議了。恭親王想：「咱惹不起他，把他外派出去當封疆大吏算了。」所以就把左宗棠弄出了軍機處，去當兩江總督。

左宗棠到了總督任上依然如故，甭管來什麼客人，三言兩語之後，他老人家就有本事把話題轉到兩件事上——第一，西征時我有多厲害；第二，曾國藩有多壞。從早一直罵到晚，天色擦黑了，左宗棠的僕人就直接喊：「老爺送客。」可客人的事情還沒辦呢！所以第二天還得來，聽他再罵一天。他的晚年基本上就是這麼度過的，也可以說他晚年一直致力於跟曾國藩作對的偉大事業之中。

曾國藩死的時候，他送去了一副輓聯，上聯還很謙虛：「謀國之忠，知人之明，自愧不如元輔。」但這絕對不是真心話，因為曾國藩死了以後，左宗棠還在罵他。朝廷給曾國藩賜了一個謚號叫「文正」，他一聽就急了：「他叫『文正』，那我死了莫非要叫『武邪』不成？」

左宗棠一生都在跟過往的恩怨較勁，這也算是人生悲劇吧！

反過來我們再來看李鴻章。李鴻章這個人最大的特點是，他雖然有敵人，也有恩怨，但他從來不沉浸在裡面難以自拔。比如說，他其實跟曾國藩之間也有一段恩怨。

李鴻章早年在安徽一帶辦團練，但是辦得很失敗，辦了六年都沒有什麼成就，所以就入了曾國藩的幕府，幫曾國藩起草一些奏摺，辦一些文案上的事。曾國藩有一個習慣，就是每天早上會擺一桌子菜，一直等到所有的幕僚聚齊了再動筷子。可李鴻章愛睡懶覺，所以經常不來，曾國藩就一遍一遍的派人去催，雙方可能因此鬧得有點兒不愉快。但這是小事，他們倆真正的衝突，發生在曾國藩大營駐紮在安徽南部祁門的時候。當時李鴻章說：「祁門這個地方是個絕地，四周都是山，一旦被圍非常危險，不能駐在這個地方。」但曾國藩不聽，這是其中一個衝突。

還有一個衝突，就是當時湘軍有個將領叫李元度，在安徽南部當道臺。他不聽曾國藩的勸阻，非要出兵跟太平天國作戰，最後大敗而歸，把徽州給丟了。曾國藩氣得要死，揚言要上表彈劾他。當時的湘軍將領都勸曾國藩：「都是出生入死的老弟兄了，偶爾犯個錯你哪能這麼做呢？」但曾國藩不聽，一定要彈劾。李鴻章當時是他的幕僚，負責幫他寫奏摺，就不肯寫。曾國藩說：「你不寫我寫。」李鴻章說：「你寫了我就不幹了。」曾國藩說：「不幹就不幹，滾！」李鴻章真的就走了。

李鴻章走了之後，曾國藩才發現李鴻章說的是對的，祁門真的不能待。後來曾國藩出生入死，被湘軍力救才突出重圍，最後把總司令部設在安徽一個叫東流鎮的地方，這才轉危為安。

曾國藩喘口氣後，就寫了一封信給李鴻章，說：「去年你走的時候也沒說不回來，我現在遇到很多難處，而且身體也不好，你就不能回來一下嗎？」李鴻章接到信之後，二話不說立即回到了曾國藩的大營，後來還跟曾國藩形成了師徒父子的關係。

曾國藩有一句非常重要的名言：「辦大事者，以多選替手為第一義。」替手就是接班人、繼承人，他就找了李鴻章這麼一個替手。這就是不往後看、向前看的一種人生觀。

看完李鴻章的很多事蹟，你會發現他身上的這個特徵非常明顯——從來不沉浸在過去的恩怨之中。這是第一個對比。

李鴻章ＰＫ張之洞：不跟歷史挑戰，不跟未來較勁

第二個對比人物也是一個超厲害人物，叫張之洞。張之洞是河北人，是一個詞臣，文章寫得非常好，跟慈禧太后的私交也很好。因為慈禧太后剛當上太后那一年，正好主管當年的科舉，張之洞本來是二甲第一名，慈禧太后看了他的文章，覺得寫得好（其實慈禧

太后識字不多，不知道她為什麼就覺得好）就親手把張之洞從二甲第一名點到了一甲第三名，欽點探花。所以慈禧太后和張之洞之間實際上有一點門生關係，這是很隱密的親密關係，是其他朝臣望塵莫及的。

張之洞比李鴻章小十幾歲，屬於狂生。他第一次外放當地方官是到山西當巡撫，為此他寫了一副對聯：「身為疆吏，固猶是瞻戀九重之心；職限方隅，不敢忘經營八表之略。」就是說我經營八表去也。八表是指神州大地，一般只有帝王能用，可張之洞就敢這麼說。

張之洞有一個堂兄叫張之萬，有一次上朝的時候戴了兩塊掛表。有人就問：「你怎麼戴了兩塊表啊？」張之萬開玩笑說：「這遠不如我堂弟，人家戴了八塊表。」

這就是張之洞當年的形象，特別狂。後來他當上湖廣總督的時候，已經是一個非常成熟的封疆大吏了，但是他一生行事都有這樣的特徵——「大言不慚」。他雖然沒有左宗棠老往後看的毛病，但他往前看的時候，經常為自己設一個特別宏大的目標，至於能不能辦得到，則不作考慮。所以晚清時有這麼一個說法，說有三屠：「岑春煊是屠官，經常彈劾別人，讓別人的官做不成；袁世凱是屠民，因為他殺義和團的時候下手特別狠；而張之洞呢？屠錢，花錢如流水。」

但張之洞有一個好處，不貪汙，特別清廉。他當兩廣總督時，還在府衙後頭開了一片菜園子，自己種田，自給自足。當時有很多人彈劾他，說他花錢無數，肯定是靡費貪汙。朝廷就派了很多人去查張之洞，包括李鴻章的大哥李瀚章，後來發現他清廉得很。

這就是一個很有趣的問題，《老殘遊記》的作者劉鶚講過一句話，說其實清官有時候比貪官還可恨。貪官無非就是貪點錢，但他畢竟要找各種機會讓錢生出來，他才能貪一點。但清官就不一樣了，清官仗著自己不貪錢，就往往帶著強大的道德正義感胡作非為。劉鶚說的其實就是張之洞。張之洞在湖廣總督任上辦洋務，開辦了一個漢陽鐵廠。漢陽鐵廠完全是在規劃不明晰、路徑不清楚、技術不成熟、市場不知道的情況下倉促上路的。這計畫上路之後虧得一塌糊塗，最後把漢陽鐵廠救回來的，還是李鴻章的一個小兄弟盛宣懷。

總而言之，張之洞就是這麼一個人，一旦看到未來有什麼好的前景，就貪婪無度，設一個巨大的目標讓自己碰不到。

與此同時，張之洞還有一個毛病，就是對未來永遠懷有一種小心謹慎的恐懼。當然，這也不能怪他，因為在當時那個風波險惡的官場裡，誰都不得不如此。比如說戊戌變法的時候，張之洞做為局外人，表現就很讓人齒冷。

他覺得這是一個特別好的投機機會，因為光緒皇帝上臺了，只跟太后關係好不行，那是冷灶，還得跟皇上關係好才行，這是熱灶，得趕緊燒，所以他幹了幾件事。

第一件事，把自己的門生楊銳派到北京，想盡辦法送到了軍機處四小章京。後來被殺的戊戌六君子中有一個人叫楊銳，就是此人。張之洞派楊銳過去，目的是推動改革，這裡面得有他的人。

第二，改革得支持，但怎麼支持？他其實覺得康有為這幫人有點兒靠不住，所以採取了一種繞彎策略。首先，他們不是要辦什麼會、印什麼報紙嗎？我可以捐錢，但是別寫我的名字，我不入會。他永遠在騎牆。

後來他感覺到維新變法的味道有點兒不對了，於是趕緊寫了一本書，叫《勸學篇》。張之洞的《勸學篇》在中國近代學術史上地位非常高，但是這本書誕生的動機就有點令人不齒。

《勸學篇》整體意思是什麼？「維新是好的，但目的是為了維護綱常，中學為體，西學為用。」說白了，就是萬一戊戌變法失敗了，我在這裡發揮的是中流砥柱的作用。光緒皇帝一看，這個《勸學篇》寫得真好，立即下令印行全國。據說在晚清這本書印行了兩百萬冊，這絕對是個天文數字。

這就是張之洞。後來還有一些事，包括庚子事變的時候，他那種首鼠兩端的態度；包括當時的早期革命力量——湖南人唐才常的自立軍，其實這幫人大部分都是張之洞自己培養出來的，跟他有師生之誼。他也知道這幫人要造反，但他不殺也不抓，就擱在那兒。因為沒準兒慈禧太后和光緒皇帝在北京被八國聯軍弄死了，只要他手裡還有這股勢力，中華民國第一任總統說不定就是他張之洞呢！所以張之洞實際上是有一點兒投機心理的，在他得知慈禧太后帶著光緒皇帝已經安全跑到西安，政局穩定了之後，立即把自立軍唐才常這幫人圍捕，然後全部殺掉。

當然，關於這幾件事歷史學界也有一些爭論，我們暫且不提。張之洞確實是一個眼光很超拔的人，是能看到未來的人。但是你也會發現，當他面對未來的時候，是有兩種心態的，第一種是貪婪，第二種是恐懼。

我們再回來對比李鴻章這個人，李鴻章從來沒有什麼偉大的規劃，也從來不提什麼偉大的設想。他搞洋務運動跟張之洞完全不一樣，沒有什麼巨大的動靜，只是一步一步的往前拱，從來也不說我這個偉大的計畫受到挫折之後，我有多受傷，我一顆玻璃心碎一地。只要是他想做的事，他是有機會就往前拱一截，有機會就往前走一步。

其中最著名的一件事就是修鐵路。其實早在一八七五年的時候，他就跟朝廷提過修鐵路的事。朝廷當時是恭親王當政，恭親王也覺得挺好，但是說道：「（此事）無人敢主持。」李鴻章說：「復請其乘間為兩宮言之。」恭親王回答：「兩宮亦不能定此大計。」

意思是說：「你這想法挺好，但是誰來主持呢？誰主持不挨罵？而且太后都不敢支持你這事，還是算了吧！」李鴻章說：「算了就算了。」這計畫就停了。

一八八〇年，也就是五年後，他又提出來了。但這次他不是自己提，而是讓他手下一個叫劉銘傳的淮軍將領提，此人綽號「劉大麻子」。劉大麻子原來是一個土匪，李鴻章組建淮軍的時候，將其收到旗下。劉銘傳後來做了第一任臺灣巡撫，也是晚清的一位名人。李鴻章跟劉銘傳說：「你反正沒文化，粗人一個，你來提吧！」劉大麻子就給朝廷上了一道摺子，說要修鐵路。

慈禧太后看到這道摺子後，就發下去給所有封疆大吏，讓大家來決定能不能修。這裡面就冒出了千奇百怪的聲音，包括一些後來著名的洋務派都反對。慈禧太后看意見不能統一，就「著毋庸議」，意思是這事兒就算了吧！

但是李鴻章透過這件事聞到了一點政治風向：「老太后不是很反對。老太后既然讓大家商量，說白了就是站在我這頭兒，試驗大夥兒的反應。那好，我就偷偷摸摸上路。」

他當時是直隸總督，唐山有煤礦，他就打算修一條唐胥鐵路用來運煤。反對派、頑固派都說不能修鐵路，說會震動陵寢，會搶奪旗人的土地，還會破壞老百姓家裡的祖墳風水。

李鴻章就問大家怕什麼，大家就說：「火車嗚嗚嗚叫人怕。」李鴻章說：「我們不要火車頭，就鋪兩條鐵軌，讓驢拉，這總行吧？」這樣一來大家真就沒什麼意見了。所以一八八一年李鴻章就修了一條從唐山到胥各莊的唐胥鐵路，雖然這段鐵路不長，卻是人類鐵路史上的一個奇景。當時是一個英國的工程師主持修建的，還用一堆廢舊材料拼出了一個火車頭，叫「中國火箭號」，李鴻章還到上面主持了開工典禮。

後來又說不用火車頭，要用驢拉——用驢拉其實很荒謬，再加上其他一些事件，李鴻章就拚命做公關，所以幾個月後重新裝上了火車頭，這個時候大家又接受了。其間李鴻章跑到宮裡跟老太后說：「法國人要孝敬您——在宮裡為您修條鐵路。」慈禧太后很高興，說：「這個東西可以試試。」後來法國人就免費在故宮裡面修了條鐵路，也是沒有火車頭，要找太監拉，一共也沒多長。

後來史學家分析，其實慈禧太后此舉是做給封疆大吏看的，意思是：「既然你們反對，我也不明說我就支持修鐵路，但是我讓宮裡修鐵路。」這樣一來老太后的態度不是很明顯嗎？封疆大吏都是七竅玲瓏心，當然都明白了，所以修鐵路的阻力瞬間就變得很小了。

到了一八八四年的時候，清廷出現了一個重要的政治分水嶺，叫「甲申易樞」，就是恭親王下臺，醇親王上位。醇親王原來也是一個小憤青，反對一切西方事物。但上臺之後當了家，才知道柴米油鹽不容易，就跟李鴻章湊到一起去了。李鴻章一看朝廷換人了，又跑去跟醇親王左講右講修鐵路這好那好。醇親王很有興趣，就支持他。

修鐵路的規劃案改了好多次，李鴻章一會兒說：「我們修天津到北京的鐵路吧！」一會兒又說：「要從北京修到關外。」最後張之洞又出來搗亂，說：「咱們應該修北京到漢口的。」你會發現，李鴻章隨時都在改方案，從來沒有什麼激進的口號，但是一旦他發現哪兒鬆動了一點兒，立刻就往前拱一點兒，叫「日拱一卒」。他就是用這樣的方法推動著中國的進步。

張之洞沉浸在歷史裡，對未來充滿了貪婪和恐懼；而李鴻章，既不跟歷史挑戰，也不跟未來較勁，他就活在當下。

這就是李鴻章給我們最重要的啟發。

李鴻章PK翁同龢：不被人際關係綁架

讓一個人的思想和行為不得自由的，有兩個牢籠：一個是對過去的貪戀；一個是對未來的恐懼，以及對它的貪婪。其實還有一個牢籠，就是在同一個時間點上，不同空間裡的人際關係對你的自由意志的綁架。

對此我們也做一下對比，就是翁同龢和李鴻章。翁同龢在晚清的政治史當中也是非常重要的一個角色，因為清代皇室一直有一個傳統：非常尊重帝師。只要你給皇帝當過老師，誰都得高看一眼，犯了錯也會網開一面。翁同龢家是帝師世家，他爹翁心存就是帝師；而他自己不僅是個狀元，而且是光緒、同治兩任皇帝的老師。所以，這位皇上家的教書先生厲害極了。

但是翁同龢這個人一生被各式各樣的官場關係糾纏著，比如說他跟李鴻章的關係無論如何就是不好。

當年李鴻章還在當曾國藩幕僚的時候，翁同龢的哥哥翁同書任安徽巡撫，犯了一件很大的事，所以曾國藩就彈劾他，這份底稿就是李鴻章寫的。因為這件事，翁同龢恨了李鴻章一輩子。當然翁同龢恨李鴻章也不全是因為這個，還因為翁同龢是清流黨人。清流黨就是靠寫字、罵人為生的一幫知識份子，而李鴻章是做實事的，所以翁同龢就跟他不對盤。

而且清流黨裡面也分南派和北派，翁同龢屬於南派，因為他是江蘇人；北派以河北人李鴻藻為首。當時有個清流黨人跟李鴻章關係特別好，後來還做了他的女婿，這個人就是張佩綸。張佩綸是北方人，所以跟李鴻藻關係好，結果翁同龢看著又礙眼，因為在清流黨裡面不是一派的。所以他跟李鴻章之間的對頭關係，真的是持續了一生。

其實李鴻章在政壇的行跡跟翁同龢之間並沒有什麼交集，雙方也沒有重大利益衝突，但翁同龢就是被這些人際關係綁架了。因為被綁架，他做出了很多不理性的事情。

比如說他當時任戶部尚書，管著錢袋子，北洋艦隊要的任何東西，買槍、買彈藥、換船，統統不批；甚至有兩年，連一顆子彈錢都沒有撥給北洋艦隊。李鴻章也沒辦法，他雖然是封疆大吏，但是錢都是朝廷批下來的。

後來戰敗之後大家開始追究責任，翁同龢還說：「你要是缺彈藥，你就跟我說嘛！」李鴻章說：「我說了呀！天天打報告。」翁同龢說：「你要是真缺，你就要反覆說嘛！」

這就不講理了，對吧？所以李鴻章在甲午戰敗之後氣得要死，當面就跟翁同龢說：「你們這幫人，小錢不願花，就愛花大錢！」其實哪是不願花小錢呢？他就是要跟你過不去。

翁同龢甚至跟自己的一個小黨羽，也是他的一個門生說：「李鴻章搞北洋艦隊搞了幾十年了，哪天讓他到戰場上去試試，打敗了，咱們就有理由收拾他了。」這叫什麼話？這是一個正色立朝、為國家人民考慮的大臣該說的話嗎？所以說，他就是一個官場巧宦。

翁同龢最後為什麼被攆回家？現在很多歷史學的解釋其實都是錯的——因為翁同龢是光緒皇帝的老師，是帝黨；慈禧老太后是頑固派，看不慣他，所以要把他搞掉。其實根本就不是，是因為翁同龢在甲午戰爭前前後後的表現，讓光緒皇帝、慈禧太后，包括恭親王在內，把他看得一清二楚。所以恭親王臨死的時候，就跟光緒皇帝說：「那個傢伙不能用，是個壞蛋。」恭親王前腳一死，過了沒幾天，宮裡就下令說：「翁同龢你走人吧！開缺回籍。但你畢竟是帝師，我們朝廷對帝師也有優待的傳統，也不折騰你了，你就回家吧！」所以這件事在歷史學上一直是被錯誤解釋的。

為什麼這麼說呢？因為後來翁同龢死的時候，當時的慶親王奕劻替他請恤典，因為老大臣死了，又是帝師，總得撥點銀子治個喪，賞點什麼吧？結果光緒皇帝帶頭反對，那時候他已經被囚禁於瀛臺了，也沒什麼權力，就在朝堂上說：「我不要。」然後歷數翁同龢甲午戰爭前後的罪責。慈禧垂簾聽政，在後頭也不吭聲，意思是：「我同意。」所以，翁同龢差不多算是晚清重臣當中，唯一一個沒有犯罪卻沒有恤典的人。這就是他一生被官場思維綁架的後果。

翁同龢有一個死黨，也是晚清的一個重臣、大學士，叫潘祖蔭。潘祖蔭曾說過：「我們倆是總角之交，都是貴公子，翁同龢對我都『好用巧妙』，他遲早會敗在『好用巧妙』之上。」

既然是做對比，那李鴻章好不好用巧妙呢？當然也好，一個老官僚、老滑頭，他能不「好用巧妙」嗎？但是李鴻章有一條，他用巧妙，不是為人是為事。比如我要造鐵路，我要造北洋艦隊，我要去談判一個什麼具體成果，他是為這些事好用巧妙。不是說他不為自己考慮，他考慮的基礎是一個具體的事件，而不是一個具體的人際關係。

舉個例子，一八九八年距離庚子大亂，也就是義和團鬧北京沒多久，光緒皇帝剛剛百日新政失敗，慈禧太后把他攆到一邊兒去，自己又出來垂簾聽政。慈禧太后有一次就跟李鴻章說：「有人彈劾你，說你是康有為那一黨的。」李鴻章當時回答說：「如果說搞新政就是康黨，那我就是康黨。」他以為反正跟太后關係很好，所以也不在乎承認這事。但慈禧太后聽了就很不爽，就想作弄他。

一八九八年又發生了一個什麼事呢？一邊朝廷裡面在鬧，另一邊民不聊生——夏秋季節山東段的黃河決口了，淹了幾十個縣。慈禧太后一看，機會來了，就對李鴻章說：「你勘河去吧！」勘河就是勘探黃河，看看怎麼治理。

那時候李鴻章已經七十五歲了，不太能走了。他就上了一個摺子，說：「我老了，歲數大了，精力都不夠用了。」這個摺子寫得非常短，前面引了聖旨，後面只有幾句話，意思就是表明態度：「你讓我去我就去，但你最好別讓我去。」後來清廷駁回了，就是要折騰他，甚至是懲罰他。

於是七十五歲的老人家秋末就從北京出發，一直到次年三月才回到北京，整整一個冬天行走了兩千多里地，而且帶著一幫外國顧問，按照現代科學方法去勘探黃河，提出了一整套治理黃河的科學方法。

李鴻章這個人就是這樣：「我不跟你意氣用事，不跟你生氣，你讓我去，我就說最好別讓我去；你非得讓我去，那我就去。而且一旦我去了，不管我多大歲數，我都會踏踏實實的把這件事完成。」這就是李鴻章這一生最狠的地方。他不被任何所謂的周圍關係綁架，所有的注意力都在事上。

看住當下，做現在該做的事情

一個人之所以會生出各式各樣的妄念，通常都出自一個原因：糾纏於過去、未來、同時間的人際關係中。現在有很多在公司裡打工的人覺得心裡不爽，工資少，也沒有前途。他們的很多想法其實都是妄念。

如果說你非要進大組織、考公務員、跟過去的組織較勁，就要記取左宗棠的教訓——因為你活在過去。如果你天天想著：「我要創業。」「我有一個什麼想法要冒險投資。」那你也許就是犯了張之洞的毛病。

晚清還有一副對聯：「李鴻章張目而臥，張之洞閉目而奔。」什麼意思？就是李鴻章躺在那兒眼睛都是睜著的，是個明白人；張之洞跑的時候都是閉著眼睛的，完全沒有目標。所以，咱也不能貿然創業。

但有的人會說：「那我就地搞搞辦公室政治，靠巧妙往上爬行不行？」李鴻章的故事會告訴你，也許這三條路都錯了。

那不就沒有路了嗎？不就是絕路嗎？錯。前不久，我參加了一個會議，與會者全部是傳統媒體轉做新媒體的一些人，就是新建的那些部門的小編們、新總編們的一個會議。大家就跟我聊，說：「傳統媒體轉新媒體不怎麼好弄啊！想跟『羅輯思維』學習吧！又覺得你們也沒有什麼可複製性。」

我說：「對呀！」

他們就問：「那我們怎麼辦呢？」

我說：「很簡單，跟大家講一個心法，叫『臨行喝媽一口奶』。什麼意思？就是你們不要去想未來會怎麼樣，就利用好你們現在的資源，做一件在現在這個崗位上最漂亮的事。你的所有注意力不能是張主任滿意不滿意，王總高興不高興，今天的ＫＰＩ（關鍵績效指標）考核怎麼樣，這都是組織內的人際關係指標，不要去想這些。也不要去想自己原來的本事在未來能不能用，因為情況變了，新媒體、舊媒體時代完全不一樣了。更不要去想，是不是不要在這兒幹了，搞個什麼專案創業去。最好的方案就是學習李鴻章——看住當下，就從這一點出發，做現在該做的事情。」

之前為人工作的時候，我就老跟別人講，我自己做事有一個心法：「所有的事都是做給現在老闆用的，但同時也是做給下一個老闆看的。」

就是說，我們現在做任何事，既是為現在的公司、單位做貢獻，與此同時也是在打造我們的個人品牌，讓下一個老闆自然看到。這樣也許是老闆，也許是風險投資人，都會找上門來利用我們這個本事。

把心放在現在、今天、此刻

其實李鴻章就是這麼辦的，而且李鴻章後來之所以在國際上聲名浩蕩，正是因為他的這種行事作風。一八九六年李鴻章訪問俄、德、荷、比、法、英、美諸國，他在全球受到的那種禮遇和高規格接待，基本上就是國王的標準——尤其是在德國。

李鴻章最瀟灑的是在美國。因為李鴻章長得也帥，一百八十公分的大個子，仙風道骨，留著山羊鬍，特別有東方老者的派頭。美國人把戰敗國的李鴻章都快捧到天上去了。當時很多廣告都是用李鴻章做招牌，有一個麥芽飲品的廣告，說李鴻章特愛吃我們的麥芽飲品，吃了之後牙口倍兒好，身體倍兒棒，吃什麼都覺得香。

當時紐約的新聞報還專門登了李鴻章的照片，說：「李鴻章從來不會錯過我們週日的新聞報。」這也是廣告。甚至還有一些賣東方瓷器的人也公開打廣告，說我是李鴻章的副官……都是拿老頭兒當例子。

你說這是為什麼？當然是為了他們自己的經濟利益。但是你想，他們為什麼這麼做呢？因為李鴻章辦一件事辦出了名——他的注意力放在事上，所以西方人都知道，李鴻章是中國辦洋務最棒的一個人，是中國「睜眼看世界」看得最遠、站得最高的一個人。品牌樹起來了，整個市場都會認你。

所以在一個市場極其動盪的時代，我們是在一個組織內為現在的老闆做事，還是利用現在老闆的資源，為整個市場製造一個制高點，讓所有的人都看見我們呢？這其實比貿然用一個妄想的計畫出去創業更高明，也是比枯守在原組織內，希望得到現有組織認可更高明的做法。

《時代雜誌》有一期封面文章叫〈正念革命〉（The Mindful Revolution）。Mindful這個單字是全神貫注的意思。這是西方企業家群體裡面正在興起，甚至已達到狂熱的一種減壓心法。

當然在心理學系統裡，它是一種減壓、禪修、玄想的方法。但實際上它就是告訴你：「在這麼混亂的情況下，你不要想前面，也不要想後頭，你就把注意力放在當下。」他們的很多修習方法都非常簡單，比如我們都吃過葡萄乾，但葡萄乾是什麼味道，我們絕大部分人是不知道的，因為我們都沒有認認真真吃過一顆葡萄乾。

你先坐在那兒打坐，靜默，然後閉上眼睛，拿一顆葡萄乾放在嘴裡，用牙齒輕輕的挑破它的表皮，一點一點感受它的滋味。如果你這麼吃葡萄乾，或者吃任何東西，你就會發現你其實從來沒有吃過葡萄乾。這就是Mindful，即正念的力量。

其實關於正念，我們也不用講更多，就是一個「念」字。漢語裡念字怎麼寫？上面一個今，下面一個心，什麼叫正念？就是把心放在現在、今天、此刻。

為什麼這套心法在這個時代愈加重要？因為我們正處在一個時代變化的驚濤駭浪之中，我們今天所處的時代，和一百多年前李鴻章所處的時代其實差不多，都是「愚人船」。我們在船艙裡都不知道未來會怎麼樣，也沒有人隔著船艙告訴我們應該往哪裡走，我們這一代人都是踏著往前試，往前走。

就像二〇一三年九月，諾基亞賣給微軟的最後一次記者會上，他們的老總就講了一句很讓人心疼的話。他說：「我們其實也沒犯什麼錯，但是不知道怎麼就輸了。」

沒錯，在這個時代你會發現，過去的經驗沒用了，對未來的預測基本都是瞎扯，基於原來人際關係獲得的所有巧妙幾乎也都失效了。那怎麼辦？在這裡我們其實就提供了一個方案：學習李鴻章，把所有的注意力放在當下，不管過去，不管未來，不管周邊，做當下最該做的事。

最後引用胡適先生寫的一句詩：「做了過河卒子，只能拚命向前。」在這個變幻莫測的大時代，我們每個人都是一顆過河的卒子。

第四章

活得通透的智慧

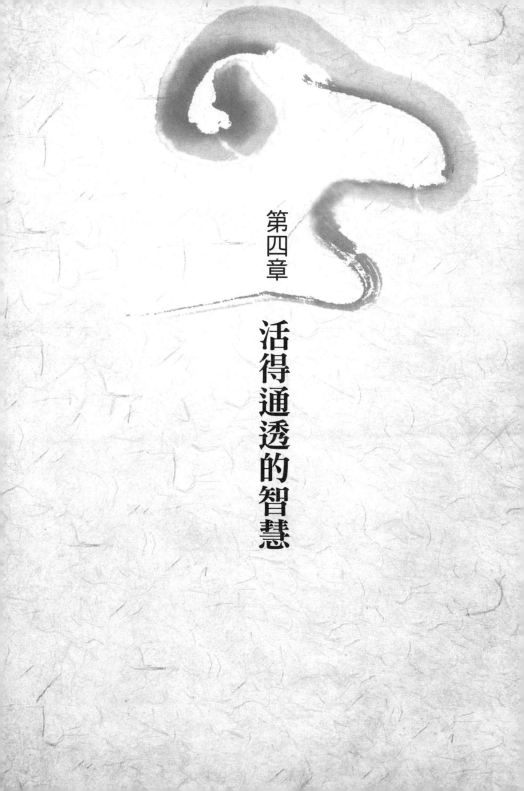

07 你之砒霜，我之蜜糖——雍正

清朝的歷史，尤其是雍正一朝的歷史，這幾年真的是被影視劇玩壞了，很多春閨少女的夢中，康熙爺死後，繼位的應該是很帥的八阿哥，或者是更帥的十四阿哥才對，怎麼能輪到那個長得很難看的四爺呢？

雍正留給民間的印象並不好。在這裡，我要跟大家講講真實歷史上的雍正皇帝。

雍正在清代歷史上活得比較委屈，「康乾盛世」大家都知道，為什麼就把中間的雍正王朝忽略了呢？因為它太短了，前後只有十三年。

可是雍正這十三年，在整個清代中葉一百多年的盛世中，是創設制度最密集也最成功的十三年，什麼攤丁入畝、火耗歸公、養廉銀，什麼密摺制度、祕密建儲制度、軍機處制度，都是雍正一手創立的。

我在看雍正傳記的時候，真覺得他是一個現代人穿越過去的，他不僅有嚴密的制度設計能力，還有超強的執行能力。他能夠把構思出來的制度，透過各式各樣的試做去推進，從而讓它具體落地。從後世來看，雍正朝創立的所有制度，幾乎沒有一樣是失敗的，所以這個人很了不起。

而且他剛開始接的是一個爛攤子——中央財政府庫空虛。可他死的時候呢？留下了一個非常富庶的中央財政。所以乾隆帝那六十三年才有錢可花，才有那麼多虛榮的事可以去辦，這才是雍正真實的歷史地位。

可是很奇怪，雍正活著的時候名聲就不好，比如說什麼謀父、逼母、弒兄、屠弟、任佞，還有什麼酗酒、好色，所有本來應該是隋煬帝享受的「光榮稱號」，全部被放到了雍正爺的頭上。當然，他自己也知道這一點，就推說是他的政敵往他身上潑糞。

真實的雍正

我在看史料的時候，就產生了一個疑問：「雍正哪裡是這樣一個人呢？」你甚至可以說他是個天真爛漫的大男孩，因為雍正為人非常風趣、搞笑。比如說，雍正可以說是中國古代帝王當中，留下各式各樣Cosplay（角色扮演）畫像最多的一個人了，有的是扮西域的喇嘛，有的是扮山中的道士。還有一張非常著名，是當時的宮廷畫師西方人郎世寧畫的，畫中的雍正又是西方貴族的服飾打扮。可見他特別喜歡玩這種穿越。

雍正皇帝的一生也非常勤政，他手批的奏摺和各樣的朱批有二千多萬字。十三年，二千多萬字，一般人別說是寫了，抄都能累死。而且他寫的朱批非常有意思，他用的不是典雅的文言文，幾乎就是大白話，而且有的大白話寫得還特別像今天的微博文章。

比如說他寫過這樣一段：「朕就是這樣的漢子，就是這樣的秉性，就是這樣的皇帝。爾等大臣若不負朕，朕再不負爾等也，勉之。」哪朝哪代的皇帝會說自己是條漢子？這哪裡是皇帝的詔書，簡直就是網路名人的一條微博。這裡面沒有皇帝的威風八面，只有一種真性情的大流露、大放送。

雍正還有一個習慣，在引薦大臣的時候，會拿著別人的履歷表，在底下批小字，比如說：「這個人是個胖子」、「這個人心浮氣躁」、「這個人前途不太遠大」、「這個人有點兒像誰」……這作風簡直就是微博上的名人「留幾手」，就差說「負分滾粗」（意思是給人負分，要對方滾出去）了。他跟臣子之間經常玩這種小花樣。

所以，他有一種天真爛漫的大男孩性格，這和歷史上那個殘暴、勤奮、嚴謹的皇帝，完全是兩個人。

雍正vs.年羹堯：待人接物的風格

雍正的性格當中還有一個反差，就是他對他身邊的人到底算是好還是壞呢？若說好，那是真好，他對他的十三弟怡親王允祥好了一輩子，對漢族大臣張廷玉也是好了一輩子，對自己的小幫手李衛、田文鏡，也是君臣相知了一輩子。

可是要說他不好，也不是空穴來風。他可能是清代歷史上，抄大臣的家抄得最多的一個皇帝了，很多大臣的家（包括曹雪芹家）就是他抄的，蘇州織造李煦的家也是他抄的。一旦府庫裡沒錢了，又要打仗，他就抄一個大臣的家。大興文字獄也是他幹的，他曾經的心腹年羹堯、隆科多等，都是他親手弄死的。所以他到底是一個情深義重的人，還是一個刻薄寡恩的人呢？這也是一個大謎題、大公案。

今天我們就來試著破一破這樁公案。

歷史學界經常會用各種研究方法來解釋這一切，看政治格局，看利益格局，甚至從雍正的性格上來解釋。而我則準備嘗試從人際關係上解讀一下雍正性格當中的大反差。

要講雍正的人際關係，最典型的案例就是他跟年羹堯之間的關係，把他們二人的關係解剖清楚了，我們就知道雍正待人接物是什麼樣的風格了。

年羹堯是安徽懷遠人。普通人都對他有一個大誤解，認為他是一個帶兵打仗的武將。其實錯了，他壓根兒就是一個漢族士大夫，是康熙三十九年（一七〇〇年）的進士。

年羹堯考取進士之後進入官場，康熙皇帝對他極其器重，認為他文武全才，不到三十歲就被任命為四川巡撫，這可是省軍級的大幹部。

那他跟雍正是什麼關係呢？他的一個妹妹嫁給了雍正當貴妃，這就是電視劇「甄嬛傳」中的那個華妃。這是雍正當皇帝之前的事情，所以他們就是大舅哥和妹夫之間的關係。

在雍正初年的時候，年羹堯發揮了兩個巨大的作用，第一個作用就是替代了當時的大將軍王——十四阿哥允禵的位置。四爺對十四爺當然不放心了，十四爺那麼年輕，又手握軍權，跟自己的關係也不是很好，還是讓大舅哥去當撫遠大將軍比較好。

第二個作用就是雍正元年（一七二三年），青海爆發了羅卜藏丹津的大叛亂。年羹堯守土有責，當然要去平叛，然後一戰功成，所以雍正對他極其欣賞。

剛開始的時候，他們之間的關係，就是典型的君王和臣子之間引為心腹的關係，再加上大舅哥和妹夫之間的關係，兩人好得不得了，但也並沒有超出正常的君臣相知的關係。

雍正是一個非常懂得帝王術的人，對於這樣一個極其重要又手握重兵在外的臣子，他極盡籠絡。但他的手段也很尋常，首先是加官晉爵，封年羹堯為一等公爵，這在漢人當中非常罕見。另外就是給予各式各樣的信任，比如說，陝西乃至整個西北所有的軍政大權，全部下放給年羹堯。年羹堯想要提拔誰，只要寫一張二指寬的條子上奏，雍正一定會批准。

還有就是各種給錢賞賜。當時雍正抄了蘇州織造李煦的家後，就把李煦所有的家產都賞給了年羹堯，而且李煦家的奴僕也讓年羹堯隨便挑。

雍正還用快馬加鞭的方式，把廣東進貢的荔枝賜給年羹堯，「一騎紅塵妃子笑，無人知是荔枝來」，只不過，這個荔枝不是送給楊貴妃的，而是送給年羹堯的。

此外，若是年羹堯得了什麼病，或者是他的家人得了什麼病，雍正皇帝更是老淚縱橫，會給予各種關懷、各種撫慰。

在他們君臣相交的過程中，我們漸漸的聞出了一種不一樣的氣味，彷彿有一種好基友的感覺。有一次雍正皇帝給年羹堯的朱批御旨當中，就出現了這樣的話：「最近朕心裡煩得很，京城老不下雨，山東又鬧蝗災，聽說你們陝西那兒下雨，不知道麥子淹了沒有？我說這些不為什麼，就是心裡有點兒煩，想跟你說說，你那裡有什麼事？」請注意，後面還有幾個詞，叫「隨便徐徐奏來」，就是你隨便寫，慢慢奏，咱倆就是聊聊天、發發微信而已。

讓我們琢磨琢磨這話，這已經不是正常的君臣交流了，而是一種哥們兒間的互訴煩悶。說得更赤裸一點兒，有點兒像一個魯蛇追女神發微信的內容：「我有點兒煩心事，你那兒有什麼八卦？跟我聊聊唄！」這就有點兒不對勁了。

再後來，雍正皇帝對年羹堯的器重，已經遠遠超出了皇帝和有職守在身的臣子之間的關係了。比如說，雍正皇帝在東部做一些改革，經常拿這些事情問年羹堯，通常是用這種口氣：「此事朕不洞徹，難定是非，和你商量。你意如何？」這其實並不是年羹堯職權範圍內的事，你問他幹嘛？

還有一次，京城翰林院大考，考庶吉士，這是一次正常的文官系統的考試。雍正皇帝把卷子定完名次之後，覺得自己也拿不准，就把卷子送去給正在前線打仗的年羹堯，讓他幫自己排名次。這就是一個明顯的示好，而且雍正經常跟九卿科道這些官講：「你們有什麼事拿不准，不要問我，去問年羹堯，他主意大。」這成何體統？

年羹堯後來當然是囂張跋扈得不得了，經常提拔自己的人。他有一個哥們兒，這哥們兒的小妾是年羹堯一個親戚的乾閨女，就是這麼一層遠親關係。年羹堯說這是自己人，就向皇帝上書要求提拔，於是這個人就被提拔了。然後雍正皇帝就跟這個人講：「你有什麼事，就多請教年羹堯。」雍正皇帝是知道他倆這關係的，但依然覺得：「既然年羹堯提拔了你，你就好好跟著他做。」這表示一個君主把自己的君權都讓渡了一點兒出去。

到雍正二年（一七二四年）的時候，羅卜藏丹津的叛亂被平定了，雍正皇帝就更高興了，居然賜予年羹堯「禮絕百僚」的待遇。

而且在這個階段，雍正皇帝給年羹堯下過幾份朱批御旨，大概有這麼幾層意思，讓我們這些後人簡直是目瞪口呆。

西寧兵捷奏悉。此番壯業偉功，承賴聖祖在天之靈，自爾以下以至兵將，凡實心用命效力者，皆朕之恩人也，朕不知如何寵賜，方快寸衷！你此番西行，朕實不知如何疼你，方有顏對天地神明也。正當西寧危急之時，即一字一摺恐朕心煩驚駭，委曲設法，間以閑字，爾此等用心愛我處，朕皆體到，每向怡、舅朕皆落淚告之。

朕不為出色的皇帝，不能酬賞爾之待朕；爾不為超群之大臣，不能答應朕之知遇。

不但朕心倚眷嘉獎，朕世世子孫及天下臣民當共傾心感悅。若稍有負心，便非朕之子孫也；稍有異心，便非我朝臣民也。

這裡面的第一層意思是說，你是大清朝的恩人。我們可以想想這個措辭。

第二層意思，你對朕這麼好，朕不知怎樣疼你，方對得起天地神明。

第三層意思，我知道你是愛我的。你在前線打仗那麼危急的情況下，每一封奏摺、每一個字都體現了對我的愛。你寫奏摺的時候，怕我著急，不忍心跟我講，經常故意悠閒寫來，不把軍情描述得那麼急。這就是你愛我的表現，我心裡是知道的。

第四層意思，我經常把咱們之間的這番愛，講給怡親王允祥、舅舅隆科多這些「閨密」聽，而且我是哭著講的，經常講著講著就落淚了。

第五層意思，如果我做不了一個好皇帝，就對不住你，我不光要對你好，還要做一個好皇帝才對得住你。

最後一層意思，如果我的子孫後代和臣民辜負了你，那他們就不配做我的子孫，就不配當我大清的臣民。

這完全就是一個女子對自己的情郎寫情書的筆調——你那天為我買了一包糖炒栗子，你是冒了那麼大的雨去買的，我心裡知道，我都哭著跟我的閨密說了。我要當你的好媳婦兒，才對得住你。而且以後只要在我們家，我爹、我媽誰說你不好，老娘都跟他拚命。

在中國的皇權社會裡，皇帝親筆的文獻裡面，從來沒見過把話講得如此過頭的。這是雍正二年（一七二四年）的事。

到了雍正三年（一七二五年）二月，年羹堯迎來了他人生的一個大轉折，從此就是一路跌停。至於為什麼，其實沒有人知道，但大致的時間可以推測得出來，這應該是發生在雍正二年（一七二四年）十月到十二月這三個月期間的事情。這個時候年羹堯回京面聖，和雍正有一些交往，至於發生了什麼不愉快的事情，外人是不清楚的。

歷史學家有一些推論，有人說是因為年羹堯在軍中太跋扈，但是，古代一個優秀的將領能夠打勝仗，軍令如山是最起碼的條件。所以在我看來，這個推論不太能夠說服人。

還有一個傳說，見於當時的野史筆記，說有一次年羹堯大雪天出門，天寒地凍，但很多隨從依然把手扶在他的轎槓上。年羹堯突然動了仁慈之心，說：「去手！」他本意是想讓大家把手拿開，以免手指被凍僵。結果所有的隨從一聽大帥有令，馬上掏出腰刀把自己的手剁掉了，年羹堯想制止都沒來得及。我們聽來好像很奇葩，但古代軍中就是這樣的。

還有另外一個傳說，年羹堯有一次在行軍過程中吃飯，覺得飯菜味道不好，當即就把廚子推出去斬了。確實，大帥就得有這份威風，自己下發的命令，不管下屬理解還是不理解都得立即執行，不執行就是死罪。包括岳飛等許多優秀的將領在軍中都是這樣的。所以如果非要說年羹堯在軍中跋扈，這有點兒不講理。

第二條，就是年羹堯貪權、攬財。這條其實也不成立。因為這些事雍正原來都知道，早有人跟他告發過年羹堯，說他貪汙。但雍正卻說：「去去，少來，別跟我說這些，我們君臣相知，要為千古做一個榜樣，你們這些小人不要來挑撥。」

還有人說，是因為年羹堯的權勢已經威脅到了君權。這就更是扯淡了，後來雍正去折騰他的時候，你會發現年羹堯哪有還手的能力？所以這些結論，現在看來都不足信。

事實是，雍正三年（一七二五年）的二月，發生了一件小事。年羹堯給皇帝上了一份奏摺，裡面用到了一個詞，叫「朝乾夕惕」。但是年羹堯寫反了，寫成了「夕惕朝乾」。這個詞是什麼意思呢？就是說皇上一天到晚勤奮謹慎，沒有一點疏忽懈怠，勞苦功高。

雍正皇帝突然抓住這四個字做文章，勃然大怒，說：「你把『朝乾夕惕』寫成了『夕惕朝乾』，不就是說我不是朝乾夕惕嗎？既然你不把朝乾夕惕許之給朕，你所謂的軍功，許與不許，那就在未定之間了。」就是說，你不愛我，我也不愛你了。

從此之後，雍正皇帝就開始對年羹堯展開了一種貓捉老鼠式的玩弄，開始了對他的折磨。

第一步，雍正放出各種風聲，到處跟人說，自己覺得年羹堯最近好像憑著勞苦功高，有點兒志得意滿；或者說年羹堯最近精神、身體狀態有點兒不好，總而言之，他有點兒不對勁，你覺得是不是這樣？

雍正甚至用密令的方式問一些臣子：「年羹堯到底是個什麼人？他的品德到底好不好？當不當得起一個『純』字？你祕密的跟我說說。」當時大臣最講究的就是做一個純臣。那些大臣又不傻，皇上原來跟年羹堯關係那麼好，現在突然沒頭沒腦問出這麼一句話，所有人都知道是怎麼回事。

雍正就透過扔石子、放風聲等手段來挑撥離間，包括挑撥離間年羹堯手下的那些大將，甚至挑撥到當時的涼州總兵。雍正向他下詔旨說：「年羹堯平時說了你好多壞話，你可要謹慎著點兒，不要讓他抓住把柄，那樣可就不好了。」皇上一說這話，底下的人馬上就明白是什麼意思了。

等這一番功課做完之後，他馬上就把矛頭對準了年羹堯。從「朝乾夕惕」事件過後，他三不五時就要下一道朱批御旨對年羹堯大肆咒罵。總而言之就是「你不愛我」、「你這喪盡天良的」、「你沒良心的」等意思。年羹堯就拚命的自辯，說：「我是愛你的呀！我認錯了，我知錯了。」但是雍正皇帝反過去就呸：「什麼呀？你就不認錯，你就是沒良心。」到後來，雍正皇帝還有更絕的。

> 朕聞得早有謠言云：「帝出三江口，嘉湖作戰場」之語。朕今用你此任，況你亦奏過浙省觀象之論，朕想你若自稱帝號，乃天定數也，朕亦難挽；若你自不肯為，有你統朕此數千兵，你斷不容三江口令人稱帝也。此二語不知你曾聞得否？再你明白回奏二本，朕覽之實實心寒之極，看此光景，你並不知感悔。上蒼在上，朕若負你，天誅地滅，你若負朕，不知上蒼如何發落你也。

雍正說，民間最近有一個傳說：「帝出三江口，嘉湖作戰場。」三江口就是浙江那一帶。你不是要當天子，你不是要造反嗎？我就把你調到杭州去當將軍，你造反給我看。這有點兒像一個怨婦抓住出軌的老公，說：「你打呀！你有種打死我。」他把年羹堯從西北的一個大將軍，貶到了杭州當將軍。後來又是一貶到底，讓他以一個章京的身分在那兒投閒置散。

最後是一系列的政治策動，雍正讓周邊的人去揭發年羹堯的罪狀，都說他應該千刀萬剮。最後皇帝一紙令下，說：「算了，我也不明正典刑了，押到菜市口還怪麻煩的，你自裁吧！」

年羹堯最後自裁的時候，其實還抱有一絲幻想，因為去下令讓他自裁的人叫蔡珽，這個人是當年年羹堯推舉給雍正皇帝的。雍正皇帝太壞了，故意讓年羹堯推舉的人看著年羹堯死。但年羹堯可不這麼想，他覺得讓蔡珽來執行，沒準兒還有緩和的餘地。雖然拖了很長時間，最後還是自裁了。

雍正對年羹堯下的最後一份詔旨是告訴他：「爾自盡後，稍有含冤之意，則佛書所謂永墮地獄者，雖萬劫不能消汝罪孽也。」就是說，你年羹堯自盡之後，如果稍有怨念，天地神佛都不會饒你，度千萬劫你都不會超生。雍正一生信佛，他怕年羹堯死了之後對他還有什麼怨念，就警告他：「如果你死了之後對我有怨念，你就不得超生。」

從這樣一場君臣交往的過程當中，你能咀嚼出什麼味道來呢？

雍正的關係演化「四階段」

雍正和年羹堯之間的關係最後鬧得這麼僵，是不是一個孤證呢？他們倆本是一對好基友，最後卻變成了冤家對頭，真是愛得如夏花般燦爛，但是又如驚鴻般短暫。

雍正和很多臣子之間的關係，都和他跟年羹堯之間的關係一樣，有善始，但是沒有善終，而且關係演化的過程通常都是一個模式，可以分成四個階段。

第一個階段，雍正皇帝主動的撲上前去，沒有底線、毫無保留、掏心掏肺、轟轟烈烈的去愛，就像「死了都要愛」那首歌寫的：「死了都要愛，不淋漓盡致不痛快。」

比方說，跟年羹堯同時期還有一個叫隆科多的，隆科多和年羹堯都是有擁立之功的大臣。隆科多是一個閒散的皇親國戚，論輩分還是雍正的舅舅。所以雍正就下了一道諭旨說：「從此之後立個規矩，包括皇帝在內，大小臣子們稱呼隆科多，都要在他的名字前面加『舅舅』兩字。」我還真沒在中國歷史當中看過任何一個先例，稱一個臣子要在前面加一個官稱，叫舅舅。

雍正皇帝自己也確實做到了，雍正初年，他很多手記當中提到隆科多，都在前面加了舅舅，包括跟臣子談話也都是這樣。他誇獎隆科多說，他是聖祖仁皇帝的忠臣，意思就是康熙的忠臣；是我的功臣，是超群拔類稀有之大臣，意思就是從來沒見過這麼好的大臣。

我們看這些用詞，都是很誇張的，要愛就用力愛嘛！

緊接著就是第二個階段，既然我愛你，那所有我愛的人都必須像我一樣去愛你，我們必須能夠大被同眠、不分彼此、相親相愛，抱在一處。他就要求他的兩個大寶貝——年羹堯和隆科多——彼此相愛。

但是湊巧，這兩個人就是不相愛，尤其是年羹堯，就是看不起隆科多。年羹堯認為：「我是藩邸舊人，你沒當皇帝的時候我就跟你好了，隆科多算哪根草？他是從哪兒冒出來的？」所以他反覆跟雍正說：「隆科多就是一個普通平常的人，你別那麼看重他。」

這下雍正不爽了：「我這麼愛他，你怎麼可以這樣呢？」所以死命在他們倆中間拉攏勸誘。他跟隆科多講：「你遇事要多向年羹堯請教。」跟年羹堯講：「我原來也看不起隆科多，但是後來我幡然悔悟了，現在才知道我犯下了大錯。」前面雍正誇隆科多那句話，就是當著年羹堯的面講的。

而且他後來還想出一個歪招，讓年羹堯把一個兒子過繼給隆科多。要知道，這件事情在清代的法律當中，是一件不成體統的事情。因為隆科多有兒子，而且有兩個兒子，這成何體統？但是雍正就認為：「你們倆是同一個人的爹了，你們倆還不好嗎？你們倆可以睡一個被窩了吧？」後來兩個人不得不表示友好。這件事就這麼過去了。

還有一個例子，雍正有兩個特別喜歡的大臣，一個叫李紱，他最高當到了直隸總督，而且他還是個經學家，是當時的士林領袖。另一個大寶貝叫田文鏡。田文鏡這個人不是正途出身，他不僅沒考取進士，連舉人都沒考取，僅僅是個監生，說白了就是個秀才。但是雍正對他很賞識，把他派到河南，後來又調到山東去進行攤丁入畝、士紳一體當差這些艱難而重大的改革。

站在田文鏡的立場上，他當然要肝腦塗地，因為他本沒有希望當上這麼大的官，既然皇帝賞識他，那他就要拚命的做。所以田文鏡在治理河南的過程當中，得罪了當地的官僚系統，包括那些有功名在身的官員。鄰近的直隸總督李紱一看，心裡就不爽了：「你這不是作踐我們讀書人嗎？」所以就跑到雍正那兒去告田文鏡。

可雍正的老毛病又犯了：「我愛的人，你們怎麼能互相不愛呢？」這也就罷了，後來他發現有一個叫謝濟世的御史也來參奏田文鏡。

雍正把這兩份奏摺拿出來一對比，發現李紱參奏的理由和謝濟世參奏的理由，幾乎一模一樣，他們倆是不是底下通過風、串過氣？是不是李紱指使謝濟世來告田文鏡？如果有這樣一層關係，那可就不得了了，這叫「結黨營私」。在皇權時代，結黨就是欺君之罪，是要掉腦袋的。所以他直接把李紱判了死刑，拉到菜市口，讓劊子手拿刀抵著他的脖子問：「現在你知道田文鏡是好人了吧？」但李紱是個硬骨頭，至死也不肯認同田文鏡是一個好人。雍正一看沒辦法了，最後也沒殺李紱，而是革了他的職，永不敘用。

第三階段是轉捩點。雍正的性格是：「咱們兄弟一起喝酒，我先乾為敬，然後看你怎麼喝，要是你只是意思意思，我就不爽；或者我愛你，但是你沒有按我希望的方式來愛我，對不起，我就跟你翻臉，而且一翻臉就把你往死裡整。」所以很多人說雍正殘酷、打擊政治異己……還真是冤枉了雍正，因為雍正在很多人身上表現出來的寬宏大量，也是罕見的。

雍正為弘曆（後來的乾隆帝）請了一位老師，叫朱軾。朱軾反對雍正的所有改革，尤其是像攤丁入畝、士紳一體當差這些事，當了一輩子的反對派。年羹堯後來被抓起來之後，朱軾就反覆上書辭官，但雍正始終不允，說沒你什麼事。這種例子在雍正朝史不絕書。

所以不能簡單的認定雍正是一個打擊政治異己的人，對不同的意見，他有的是包容力。但如果是他愛過的人，結果被他發現不愛自己了，他就會跟人家玩狠的。

但是，他還有第四個更可怕的階段：你不愛我，我把你往死裡整；我愛過你，我一樣要把你往死裡整。

最典型的就是錢名世案。早先雍正爺跟年羹堯好的時候，讓全國各處官員有什麼事都去請教年羹堯，希望大臣們都去寫詩讚頌年羹堯。錢名世就衝在「為年羹堯歌功頌德」的第一線，而且寫得特別肉麻。年羹堯倒臺後，雍正又把這件事翻出來，說：「當年你這麼評價過年羹堯，那你是什麼人呢？你這叫『名教罪人』，我也不殺你，我御筆寫下這四個字給你製成一塊匾，你就拿著這塊匾告老還鄉吧！把這塊匾掛在你家大堂上，你的子孫後代都得守著這塊匾過日子，不准摘下來。」

他還讓當地的地方官初一、十五都要去錢名世家看看，看他是不是把這塊匾摘了，平時嫌丟人，那麼丟人就得丟到底，要千秋萬代的丟下去。

雍正爺還幹了一件特別奇葩的事。錢名世離開北京的時候，無官無職，抱著這塊匾要回家。雍正爺把九卿大學士以下的所有官員，湊了大概三百多個，為錢名世送行，辦了一個送別宴，讓每個人作一首詩罵錢名世，然後還把這幾百首詩編成了一本詩集，叫《名教罪人詩》。就是讓錢名世看看，大夥兒都罵他呢！這本詩集你也拿上回家吧！

錢名世案是比較有戲劇性的，當然也有比較殘酷的，比如說汪景祺案。汪景祺其實就是一個文人，原來隨著年羹堯西征的時候，寫了一本小冊子，叫《讀書堂西征隨筆》。文人一旦沒底線起來，拍馬屁可就是強項，汪景祺在這本小冊子裡面稱年羹堯為「宇宙之第一偉人」。雍正把年羹堯搞死之後，就很不爽：「既然你稱年羹堯為宇宙第一人，那宰了吧！」宰了也不過癮怎麼辦？梟首示眾，而且這顆頭不准摘，一直在菜市口掛了十年。

雍正的邏輯就是：「如果愛，我就用全部力氣愛你到死；如果恨，那麼此前的愛都不算數，我要用全部力氣把你作踐到死。」這就是雍正的人際關係處理策略。

失去邊界的人際關係

我總是在想，如果雍正爺能活到今天，聽完了所有當代中國的流行歌曲，他一定會喜歡上一首歌，叫「明明白白我的心」：「明明白白我的心，渴望一份真感情，曾經為愛傷透了心，為什麼甜蜜的夢容易醒？」

雍正爺確實對很多人掏心掏肺的愛過，但是他一旦發現自己的愛得不到回報，他就抓狂，就用各種戲劇化的、殘暴的，甚至是歇斯底里的方式進行報復。當然，在中國古代帝王當中，像雍正爺這種性格、這種處事方式的，也僅此一例。

當代中國人不也是生活在這樣一種人際關係當中，用這樣的方式去理解愛的嗎？

美國有一個學者曾經說：「中國人提倡的這個『仁』字，從結構上看，它左邊是一個人，右邊是一個二。所有的中國人都生活在二人世界當中，他們對世界的理解，要麼是師生，要麼是父子，要麼就是同學，他們總是在兩人關係中生活，從而喪失了自己獨立的生存空間和人格空間。」

前不久，我們「羅輯思維」組織了一幫鐵桿會員小夥伴，由我陪著去了一趟斐濟，其中有一段船上的路程，大概一個小時。我們十幾個人對於「父母和子女之間的關係」這一話題，爆發了一場非常激烈的爭論。

中國很多為人子女的，尤其是「八〇後」、「九〇後」（一九八〇年與一九九〇年後出生者），經常會有一種痛苦，就是父母逼婚，結婚之後又逼著生孩子。我們覺得這是自己的獨立空間，可父母偏偏要干涉進來，怎麼辦呢？如果你不答應，父母就說：「心臟病要犯了」、「晚年不幸福」、「白養你了」、「很痛苦」云云。

在這樣的壓力下，很多人就選擇了躲避，或者是妥協，或者是混日子、往後拖……。當時我就提出了一個我個人的意見，我說：「如果是我，我就絕不妥協。這件事情我的答案是兩條，第一條，這是我的事，與你無關，請不要跨過這道門檻，來干涉我的私事。」

很多小夥伴聽了就說：「這怎麼是你的私事呢？父母可不覺得是你的私事，我媽到現在還經常跟我說：『你就是我身上掉下來的肉，你的骨頭渣子都是我的。』」

確實，父母都會這樣想問題，他們就是要干涉，怎麼辦呢？難道任由他們痛苦嗎？做為一個孝順兒女，我們於心何忍呢？

別急，我還有第二條：「我既然是你們的兒子，你們因為我的事感覺到痛苦，這是你們的事。我做為兒子，應該幫你們。比如陪你們聊天，幫你們緩解一下痛苦；我還可以出錢讓你們去旅遊；我甚至可以組織一個老年合唱團，讓你們高興高興。但是對不起，第一條永遠生效，這是我的私事，請你們不要干涉。」

當然，船上有各式各樣的爭論。總而言之，大家漸漸覺得，這是一個倫理難題。其實這有什麼難的呢？我們來換一個角度想這個問題。

大家可能還記得，前幾年有這麼一個娛樂新聞，有一個女孩叫楊麗娟，跑到香港一定要見劉德華。這樣的事情有很多，一個粉絲對自己的偶像無限崇拜，由此生出無限的愛慕：「我就是要嫁給他，就是要他娶我。我已經對他這麼好，他怎麼可以不出來見我一面，或者把我娶回家去？」

當年劉德華一定得娶這位楊麗娟女士嗎？大家都覺得不必。劉德華應該怎麼辦呢？如果楊麗娟再要說：「你如果不出來見我，我就死給你看。」那麼劉德華應該怎麼說呢？不管劉德華用什麼樣的公關語言，把這件事情詮釋得高大上和絕對正確，我想他心裡一定是那句話：「妳死，與我何干？」

當然，如果我是劉德華，做為一個善良的人，我會盡可能的勸告楊麗娟女士不要死，我甚至可以報警。但是如果她真要死，那是她的事；她要嫁給我，要看我同意不同意，這就是我的事了。這兩件事情涇渭分明。

為什麼在陌生人之間，我們可以同意這個「你死你就去死」的邏輯，而在父子之間、母子之間，我們就要放棄這個持守的邊界，讓別人侵入我們的私生活呢？

自由主義的人生觀：保持獨立，釋放善意

胡適先生對於父子關係有過這樣一個表述：「這個孩子自己並不曾自由主張要生在我家，我們做父母的不徵得他的同意，就糊里糊塗的給了他一條生命。況且我們也並不曾有意送給他這條生命。我們既無意，如何能居功？如何能自以為有恩於他？他既無意求生，我們生了他，我們對他只有抱歉，更不能『市恩』了。我們糊里糊塗的替社會添了一個人，這個人將來一生的苦、樂、禍、福，這個人將來在社會上的功罪，我們應該負一部分的責任。說得偏激一點，我們生一個兒子，就好比替他種下了禍根，又替社會種下了禍根。他也許養成壞習慣，做一個短命浪子；他也許更墮落下去，做一個軍閥派的走狗。所以我們『教他』、『養他』，只是我們自己減輕罪過的法子，只是我們種下禍根之後自己補過彌縫的法子。這可以說是恩典嗎？」

這就是將近一百年前的中國自由主義大師對父子關係的理解，在我看來，這是一個良性的理解。

很多人都會覺得，我們應該用感恩的思維去善待他人，這就是孝道。幾千年來的傳統文化告訴我們的孝道都有一個前提：「父母十月懷胎不容易，把你養大更不容易，你要回報父母。烏鴉尚知反哺，你怎麼能不知道感恩呢？」在當代中國社會，我們的倫理體系當

中，往往不再講好像很古老的「孝子」，我們講「感恩」。

但請仔細分析，這成何道理？你對我好，我就一定要對你好嗎？而且一定要用你認為合適的方式和足夠的分量來對你好嗎？如果是這樣，大家的獨立人格又存在於哪裡呢？

雍正爺的起點是愛，這其實並沒有錯，愛是一種多麼偉大的情感啊！它應該純潔，應該永立不敗才對。但是當愛以一種綁架的姿態出現，當「我愛你，所以你必須愛我」這套邏輯一旦成立的時候，愛就成為了毒素。而這種邏輯一旦在社會倫理空間當中推展開來，你會發現，很多倫理的糾結就出現了。

舉兩個例子。中國公共汽車上往往會有一種道德，年輕人應該讓座給老人。中國很多地方都有這樣的社會新聞，老人上車之後耀武揚威：「我老了，你們都該給我讓座。」如果別人不起來，他們上去就要動手打人。這不是老人變壞了，而是壞人變老了。別人讓不讓座是他的事，你有什麼權利去干涉呢？難道你老了，就可以侵入他人的私人空間嗎？

還有人在網上發文章，最後附上一句：「不轉就不是中國人。」你的道理是你的道理，你自己去持守就好了，為什麼說我不轉就不是中國人呢？

可見，道德的起點都是美好的，但是用於綁架他人的時候，帶來的就是一種社會亂象。

所以，「羅輯思維」一直在講自由主義，自由主義就是自己對自己負責。只要我們每一個人都對自己負責，這個民族、這個國家就不可能不好。

很多人都在問：「什麼是自由主義的人生觀？」在我看來無非就是兩句話。第一句：「我們絕不去強制他人。」第二句：「我們盡可能的不讓他人來強制我們。」也可以換一種方式來說，我們在保持自己獨立的人格尊嚴和人格空間的前提下，盡可能對他人釋出善意。

理解「愛」這個詞，我還是最喜歡張愛玲在《沉香屑·第一爐香》裡說過的那句話：「我愛你，關你什麼事？」這才是自由主義的愛情觀。

有人可能又會說：「我們這代人現在面對的具體情況就是這樣，我們的父母不懂你講的自由主義那一套，他們就是要干涉我們，我們難道要讓他們傷心嗎？」

這也許就是我們這一代人的歷史使命，我們在中華民族的整個文化傳承當中，也許要去扮演一個堅定的角色。一方面，用我們的身體、用我們的善意去抵擋我們的父母；另一方面，放過我們的孩子，堅決的斬斷那根從遠古一直到今天、用愛的名義去綁架他人的鏈條。我們這一代人應該能夠做得到。

08 先做好自己再說——甘地

提到聖雄甘地，有一點兒歷史知識的人都會想起一個詞——「非暴力不合作運動」。在二十世紀四〇年代，甘地憑藉著這一整套思想和行為方式，不費一槍一彈，就把偌大的英帝國趕跑了，這在人類歷史上也是從來沒有過的事，非常了不起。

我們先簡單介紹一下甘地的履歷。他於一八六九年出生在印度的古吉拉特邦，古吉拉特邦相當於中國的上海，是西方文明最先抵達東方文明古國的港口，到今天為止，仍然是印度經濟最發達的一個邦。

甘地是印度種姓的第三等級出身，叫「吠舍」。印度種姓的第一等級是「婆羅門」，第二等級是「剎帝利」，第三等級就是這個「吠舍」，商人、公務員通常都是這個級別的人。甘地家非常有錢，要不然他也不會有錢到英國留學。

甘地十九歲的時候乘船到了英國，在英國倫敦大學法律系讀了三年書。我們現在了解的甘地，通常是這樣的形象：一個典型的東方老頭兒，瘦骨嶙峋，身上披著一件很簡單的衣服，手裡拿著一根拐杖。實際上甘地年輕的時候，可是一個翩翩貴公子，來自大英帝國殖民地，然後又跑去倫敦鍍金。

他在倫敦的三年，十分嚮往當時的西方文明，穿西服、打領結、抹髮油、學跳社交舞、學當時時髦的法語……他的成績非常優秀，畢業之後成為了一個很好的律師。後來又在南非待過一段時間，第一次世界大戰爆發後，甘地再次回到印度。

但是當他回到印度之後，整個人的精神氣質就全變了，他突然變成一個捍衛印度的東方傳統、向整個西方文明開戰的民族英雄的形象。這就是我們現在看到的甘地的形象。

甘地在印度的地位到底有多高？為大家舉個例子，印度這幾十年歷史上有兩個叫甘地的總理：英迪拉．甘地和拉吉夫．甘地。這兩個甘地跟聖雄甘地有什麼關係？完全沒有血緣關係，他們都是尼赫魯的子孫。

尼赫魯雖然以甘地的學生自居，但畢竟不是親兒子，甚至這兩個甘地的英文拼法都不一樣。尼赫魯—甘地家族的甘地是Gandhy，而聖雄甘地是Gandhi，根本就是兩個姓。只不過英迪拉．甘地嫁給了一個姓甘地的年輕人——費羅茲．加汗吉爾．甘地（Feroze Jehangir Gandhy），所以就獲得了甘地這個姓，僅此而已。

但是尼赫魯家族對此從來是諱莫如深——至少不會去主動澄清。在印度那麼大一個國家，一個人口上了十億規模的國家，很多貧苦的老百姓根本就不知道什麼政治人物、選舉、投票，他們沒有起碼的政治常識。但一聽說是甘地，馬上就投票給他，這就是甘地在印度民間的真實威望所在。

僅僅是「甘地」這兩個字就留下了一種魔力，可以穿越四、五十年的時光，在印度的政治生態中發揮作用，可見甘地的威望有多高。

道德的高峰

甘地這個人最了不起的，是他的道德力量，這已經跨越國界，成為人類歷史上一座很罕見的豐碑。他往往是用折磨自己的方式來實現自己的政治訴求。甘地有一個方式，就是「絕食」。翻開他的傳記，我們會發現他一生絕食了無數次。

有一次他在坐牢，午夜十二點的時候，突然覺得內心裡有一個聲音要他絕食。所以他就寫一個紙條給他的助理，說：「我要開始絕食，絕食二十多天。」

英政府就擔心：「他名聲那麼大，死在監牢裡怎麼辦？」最後只好把他放出去了。甘地就跟英國人解釋：「這次絕食跟你們沒關係，我什麼政治目的都沒有，只是聽從內心的聲音而已。」出獄之後，他仍然把這次絕食堅持到底了。

甘地這個絕食的方式一旦用於政治目的，影響力真的很嚇人。一九一八年，亞美達巴德（今印度古吉拉特邦）的工人為反抗資本家的壓榨與剝削，開始舉行大規模罷工。資本家不讓步，工人也不讓步，雙方眼看著就要發生暴力衝突了。甘地宣布開始絕食，一直絕食到他們達成和平決議為止，只要他們還在用暴力對抗，他就一口飯都不吃。最後把工人感動了，把資本家也感動了，說：「老爺子趕緊吃飯，我們來談判，我們會達成協議。」他就有這樣的號召力。

最典型的一次是一九四七年，當時印度的穆斯林和印度教教徒發生了劇烈的衝突，正好是印巴分治那個階段。

當時甘地正在加爾各答，他說：「你們不是打嗎？不是殺嗎？我也沒辦法阻止你們，這樣，我宣布絕食。」然後整個加爾各答城議論紛紛，說：「那個老頭到底怎麼樣了？身體狀況是不是每況愈下？我們是不是不要再衝突了？」

最後的結果，就是很多暴力份子都跑到甘地的公寓面前，跪在那兒請求老先生不要再絕食了，他們不再暴力衝突了。民族的血海深仇，就這樣被他用絕食的方法化解了。

一個人的道德力量竟然可以達到這樣的高峰。在人類歷史上，我們真還沒看見過哪個政治人物，用這樣的方式達到過他的目的。

「非暴力不合作運動」

甘地最厲害的還是他的「非暴力不合作運動」。非暴力不合作運動是他一九一四年返回印度之後，才開始玩得爐火純青的。我們普通人對他其實有一個誤解，以為他就是簡單的忍辱負重：「你打我的左臉，我把右臉伸過去。」哪有這麼簡單？

「非暴力不合作」是兩個詞，「不合作」好理解，就是我們的娃娃不上你們英國人的學校，我們的律師不上你們英國人的法庭，我們的工人不進你們英國人的工廠，甚至連你們英國人那麼好的洋布我們也不穿，我們就穿印度的土棉布。甘地有一張經典的照片，就是坐在那兒紡紗。他的後半生每天堅持紡半個小時以上的紗，以此號召印度人穿印度的土布。

可是「非暴力」一詞，我們通常都理解錯了。你以為他就是趴在地上，讓英國殖民者殘暴的打嗎？不是。他是用主動的方式去挑起對方的暴力行為，而我們不用暴力去還擊。

為大家舉個例子，一九三〇年甘地領導過一場二千五百人的「向鹽庫進軍」運動。就是說我們窮人也要吃食鹽，鹽都在你們英國人的鹽庫裡，我們沒錢買，但我們就是要拿。員警當然要維護秩序，當然要捍衛私有財產。但是我們不管，我們二千五百個人排好隊就到鹽庫裡去扛。你們可以把我們打倒在地，我們不還手，但是鹽我們就是要拿。他是用這種非法的行為，逼迫對方不得不做出一種暴力保護行為。

可是事實也不是這麼簡單，其實甘地事先找了很多外國記者在旁邊觀看，這是一次有組織的行動，包括醫療救護隊，早就準備好了繃帶。你們不是打得我們的人頭破血流嗎？沒關係，我們繼續往前走。

世界上很多國家也想看英國人的笑話，當時的外國記者濃墨重彩的寫道：「那些人穿過鐵絲網，用堅定的目光看著鹽庫的大門，就這樣堅定的往前走。」

英國員警用包著鐵的木棍迎頭打下，像中國人講的那句話：「你有狼牙棒，我只有天靈蓋。」沒有一個人試圖用手去擋。被打倒在地以後，擔架隊上去把人抬過來，現場包紮好，剩下的人接著往前走。

當然，今天我們必須肯定，做為一個被統治的殖民地國家的人民，想要反抗英國，這似乎也是最有效的一個方法。甘地就幫印度人算過一筆賬，說：「拿機槍打，我們打得過英國人嗎？那是他們的強項。我們得用我們的強項跟他們打，就是用我們的肉體。他有狼牙棒，我們有天靈蓋，我們湊上去，然後我們就獲得了世界輿論的支援。」

所以，甘地為印度這個民族量身訂製的這套方法，確實也是有用的，只不過我要告訴大家，它的邏輯到底是什麼樣子。

拚命向全世界推廣「非暴力不合作」

不得不說，甘地對他這套方法是過度的迷信了。甘地一生留下了大量的書信、言論和演講詞，他對很多人都推廣過這套理論，而且是在全世界範圍內推廣。

他曾經跟英國人講，說：「墨索里尼、希特勒不是要打你們嗎？讓他打好了，讓他把整個英國侵占掉好了，把你們的古建築都占領，把你們的文化付之一炬。只要你們學我這套方法，『非暴力不合作』，你看最後希特勒是不是只好臊眉耷眼的離開？」

英國首相邱吉爾在回憶錄當中，對甘地的評價極低，英國人覺得他的這種思維太奇葩了。

甘地跟猶太人也這麼講，說：「希特勒不是欺負你們嗎？不要反抗，要學我，你看我最後就成功了。」所以很多猶太社群領袖就寫信給甘地，指責他：「你見過集中營嗎？你知道希特勒是怎麼對付我們的嗎？」

甘地還見過一個中國人，就是蔣介石。蔣介石當時是跑到印度去，勸甘地共同抗日。但甘地說不抗日，「非暴力不合作」就挺好。蔣介石問他：「如果德國人打來，你也不抵抗嗎？」甘地說：「不抵抗啊！我就是不合作，這就挺好。」

甘地還挑撥蔣介石跟美國人的關係，說：「什麼英、美、中同盟？他們那個總參謀部裡用你們中國人了嗎？你跟我都一樣，都是東方弱小民族，你得學我這一套。」

甘地也不光是向這些人推廣，他還向希特勒推廣。一九三九年，第二次世界大戰一觸即發的時候，他寫了封信給希特勒，大概意思就是：「你要學我，我是你的榜樣，要達成政治目的不需要使用暴力，搞什麼戰爭呢？」我們可以想像一下，希特勒當年收到這封信時那種啼笑皆非的表情。

甘地在歷史上就留下了這兩種形象。在本土印度，他是一個大神級的人物，因為他發明的這套方法真的是行之有效；而在世界舞臺上，甘地拚命推廣他的這套做法，卻屢次碰壁。

當時甘地有一個旁觀者，就是著名的作家喬治．歐威爾。歐威爾是生於印度的英國人，所以他返回英國受教育，成年之後又回到印度就業，是印度的員警。歐威爾就說甘地這套玩法，只能適用於大英帝國統治下的印度。

這句話其實有兩層意思，第一層意思，是說首先你得看看對手是誰，必須是英國這種有起碼的文明底線的國家才行。比如說，英國人在南非打波耳戰爭的時候，包括在印度殖民統治期間，如果軍紀稍微有點兒不好，其暴行被批評得最激烈的是在英國本土。英國是現代化國家，民眾智識發達，有起碼的倫理底線。如果你的對手是希特勒，你再搞這套，那完全是不奏效的。

第二層意思，是說必須是印度這樣的民族，才有這種忍耐力。如果換成其他民族，你甘地這套玩法也一定是玩不起來的。

當然，今天我們要講甘地，可不是為了批評他的「非暴力不合作」運動，我們是想看看，甘地在這些偉大功績的背面，還有什麼東西。

聖徒甘地的道德觀：現代化很糟糕

大家讀到這裡可能會產生一個誤解，以為我是要去「抹黑」人家甘地，真的不是，因為甘地在私人道德品質上，幾乎是一個無可挑剔的聖徒。他一生走遍了印度大大小小幾千個貧苦的村莊，而且他隨身的物品只有兩樣，第一樣是他每天戴的那副圓框眼鏡，第二樣是他的手錶。

那只手錶也真不是勞力士什麼的奢侈品，就是一只普通的手錶。因為甘地對自己的作息時間要求極其嚴格，天一黑就睡覺，凌晨兩點就起床，然後就禱告，禱告完了就沉思，沉思完了就開始回覆大量的信件，天一濛濛亮，立即出發到村莊去演講。他每天安排的行程大概是五到六個村莊，為了不耽誤時間，就看這只手錶。所以這是他生活中唯一的必需品。

他死的時候留下的財產非常簡單，一塊破布做的衣服、一根拐杖、一個木製的紡車、一只手錶、一本書、一個有三隻猴子的雕像，還有一個洗腳盆、一個痰盂。這就是他終身所有的財產，沒有房子，沒有奢華的衣物，沒有傢俱。

這樣的人老百姓能不愛戴嗎？尤其是他那個「非暴力不合作」的主張又獲得了如此輝煌的成功，所以甘地這個人我們是抹黑不得的。我們只能仔細的再去推敲，他一生真實的對立面到底是什麼。

因為甘地是做為印度的國父、解放者、擺脫殖民統治的最大功臣被載入史冊的，所以經常會有一個誤解，大家以為他的敵人就是大英帝國。哪裡有這麼簡單？甘地真實的敵人，其實是他心中那個魔鬼——整個西方文明和現代化。

這就要回到甘地的內心來看，他是一個幾乎沒有什麼物欲的人，包括吃，他吃得極其簡單，不吃肉就不用說了，很多印度人都不吃肉；甘地也不喝牛奶，他認為那個東西會刺激性欲；他甚至連穀物都不吃，只是偶爾吃點兒像草一樣的蔬菜，還經常絕食。所以在物欲上，他完全排斥了一個人最起碼的需求。

他反對英國，反對的可不僅僅是這個政府，而是它帶來的所有的文明方式。他講過一句話：「使用曼徹斯特布，我們還只是損失了金錢，但如果在印度也產生了一個曼徹斯特，則我們雖留下了流出去的金錢，卻換去了我們的血肉，因為我們生存的道德基礎就要被摧毀了。」

意思就是說：「我不是反對洋布，我寧可讓印度人花錢到你們英國的曼徹斯特去買洋布，但是我希望你們千萬不要把工廠開在我們印度，這會讓我們的道德墮落的。」

今天在中國我們似乎能聽到這樣的聲音：「一個人開始掙錢，他就是墮落；只要他從事商業，他就一定是個壞蛋；他行銷成功了，他肯定就是個大騙子。」這也是甘地當時的看法。

所以他講過一句話：「貧窮的印度尚可得到自由，但要使一個靠不道德以致富的印度再獲得自由，那就是一件很難的事情了。」意思是我們印度不能開展商業，因為我們貧窮，所以我們有自由。但如果我們在道德上墮落了，那個時候再想獲得自由，就太困難了。所以他認為，過去五十年從英國帶來的一切現代化的東西，全是壞東西，什麼鐵路、電報……這些東西都不能要。

當然，甘地也不是說印度就不要發展工業，他心中也有他的工業藍圖，比如說：榨油、碾米、造紙、製糖、開染坊，他認為這些都挺好的。但任何需要用機器來生產的東西，甘地都認為那是墮落。

我不知道甘地的這個觀點你能不能接受，至少在印度他沒有被接受。在我看來，這是印度人民的萬幸。

甘地那個號稱對他極其忠誠、極其愛戴的學生尼赫魯（就是英迪拉·甘地的爸爸）一生追隨他，但是在這一點上，尼赫魯可沒聽甘地的。尤其是後來他跑到蘇聯，看到那種社會主義式的工業化，非常羨慕。所以在尼赫魯執政期間，印度走的其實是一條大工業化的路線，這個我們暫且不談。

甘地的基本道理是什麼？首先是我們剛才反覆強調的那句話：「道德不能墮落。」甘地還有另外一個理由，他有一次接受外國記者訪問的時候說：「印度不需要現代化，我們永遠不會像美國那樣發達起來。」

你算算帳嘛！如果印度人像美國人那樣去生活，這麼多人口湧出去，整個世界的資源就崩潰了。所以我們印度就當作是為世界做出貢獻了，我們就這麼窮，挺好的，我們有內心的道德。

我不知道如果你穿越回去成為一個當年的印度人，會不會同意甘地這個說法。但是我必須得說，任何一個人，只要他相信一個道理，而且終身用自己的行為去實踐，他就不是一個偽君子，這樣的道德選擇永遠值得我們尊敬。

其實十九世紀後期，在全世界的範圍內有一輪叫「後發現代化」的運動，除了歐洲，剩下的就不是原發現代化，那他們是怎麼面對現代化的？

「富國強兵，迎頭趕上」，這是一八四〇年以來中國人的歷史主題。可是在全世界範圍內，還有另外一種聲音，就是以甘地為代表發出的。

在美國賓夕法尼亞州，現在還有一個叫阿米希的部落。那個部落是蘇格蘭一個基要主義的新教教派。他們講兩種語言，一種是英語，因為他們生活在美國。另一種是他們祖先留下來的高地德語，現在他們主要使用這種語言，不要求任何現代化。

那個部落是沒有電的，更不要說各式各樣的電器了。每天晚上，父親還會在火爐前為大家朗讀最古老版本的《聖經》，教堂修得也是非常之樸素。那就是一個與世隔絕的村莊。但是說實話，我覺得這也是一種文化表演，因為許多像我這樣好奇的人會趕過去看，相應的也會為當地帶來一定的收入，所以他們可以以一定的物質條件，保持這種脫離現代化的生活。

其實全世界各個角落都有這種思潮。比如說環保主義，當你追究到最後，環保主義者一定會告訴你一個哲學：「整個世界都不是以人類為中心的，而是Earth First——就是地球優先，我們只是生活在地球上的一個寄生物而已，憑什麼要發展自己？應該地球優先，我們不應該破壞地球原生的那個系統。」

從甘地到阿米希部落，再到環保主義，其實都有一個核心，就是人的欲望是不重要的。而人的欲望一旦變得不重要，整個現代化文明的理論體系的基礎就不復存在了，因為現代化就是服務於人的欲望的。

最典型的例子，其實發生在俄國。俄國的國徽上面是一隻雙頭鷹，一邊看著亞洲，一邊看著歐洲，所以這是一個非常糾結的民族。這個民族幾乎所有知識份子的心裡都有這樣的困惑，杜斯妥也夫斯基、托爾斯泰、普希金、車爾尼雪夫斯基，他們的人生都經歷過這樣的思想轉折——年輕的時候特別崇拜西方、羨慕西方。杜斯妥也夫斯基就曾經到西方住了四年，結果失望透頂，覺得：「那麼墮落的生活怎麼能夠繼續呢？」還是俄羅斯人傳統、樸素的生活最吸引他。於是這些知識份子到了中、老年的時候，都變成了俄羅斯的民族主義者。

其中最典型的一個人叫索忍尼辛，這個人是俄國文學史上的一朵奇葩。很多諾貝爾文學獎得主，在得完獎之後就再也寫不出比較厲害的著作了。但索忍尼辛則不然，他得完諾貝爾文學獎之後，還寫出了《古拉格群島》，晚年寫了《紅輪》，一本比一本厲害。

當然，他在當時蘇聯的政治生態當中，是一個極端的反對派，要自由，反對政府。美國人太希望蘇聯出現這樣的人了，所以趕緊把他接到美國去，讓他做大量的演講。結果索忍尼辛下飛機後做的第一場演講，就把美國人痛斥了一頓，說你們這幫資本家都是墮落的，什麼西方民主都是騙人的……聽演講的人全都傻掉了。

他不光是跟美國這麼玩，跟自己的祖國也這麼玩。一九九四年，蘇聯已經解體，葉爾辛把他請回去做演講。他老人家可威風了，從海參崴上車，橫跨歐亞大陸，坐著火車沿途一路演講過去。

演講的內容，第一，罵當時的蘇聯，已經倒掉了，不用說了；第二，罵西方的生活方式多麼不好；第三，罵葉爾辛。總而言之，你把我們那種純樸的俄羅斯傳統生活全部毀掉了，我這把老骨頭要跟你們拚了，我就是要罵你們。

所以索忍尼辛這個人在西方世界也變得不可理解，二十世紀七〇年代初，當時的季辛吉就替福特總統出主意，說：「你可千萬別接見他，這個傢伙表面上是一個反蘇聯的鬥士，可是他的很多觀點讓他的追隨者都覺得非常之難堪。你要是接見他，不僅會把蘇聯得罪了，連我們的一些盟友也都得罪了。」

索忍尼辛是二〇〇八年八月死的。他死之後，美國的《時代雜誌》為他做了一個專題，裡面有這麼一段話：「對於西方世界來說，索忍尼辛是自由的象徵，但他並沒有回饋這些賦予其身的尊重。做為擁有強烈基督教信仰的人，他認為西方精神世界惡化，他對西方民主的極端批判，有時候甚至讓他的支持者和反對者一樣感到困惑。」

這就是西方世界的看法：「你不是反對蘇聯嗎？那你應該贊成我呀！這個世界不就是這麼二分的嗎？」他們忘了，在現代化的過程當中，很多後進民族、後發現代化的國家，都會出現這樣的思潮，索忍尼辛、甘地，以及我們說的環保主義份子，他們都認為現代化是一個不好的東西。

那麼，我們今天應該怎麼去看待傳統？現代化真的這麼不好嗎？尤其是這些「道德高超之士」告訴我們現代化很糟糕，我們應該聽他們的嗎？

道德是個人的選擇，不能綁架別人

很多中國人都學會了一套東西，叫「辯證法」，它總會告訴我們：「現代化有好有壞。」

今天我們要為現代化這個「魔鬼」辯護，大聲疾呼：「現代化遠沒有你們講的那麼不堪，而『前現代化』（pre-modernized）社會也遠沒有你們幻想的那麼美好。」

很多讚美前現代化社會詩情畫意的人，往往都掩蓋了部分事實。還記得二〇一四年遼寧省大學入學考試語文試卷的作文題嗎？那是一道材料題：

夜晚，祖孫二人倚窗遠眺。

「瞧，萬家燈火，大街通明，霓虹閃耀，真美！」男孩說，「要是沒有電，沒有現代科技，沒有高樓林立，上哪兒看去？」

老人頷首，又沉思搖頭：「可惜滿天繁星沒有了。滄海桑田，轉眼之間啊！當年那些祖先，山洞邊點燃篝火，看月亮初升，星漢燦爛，他們欣賞的也許才是美景。」

我真是不知道，出這道題的人是何居心，要把我們的少年引導到什麼樣的方向去。我現在先不說價值觀的分歧，但老人講的至少不是事實——他沒有常識。

原始人在山洞口點燃一堆篝火是做什麼用的？那是防狼的，是驅逐野獸用的，他們凍得瑟瑟發抖，圍在篝火前，唯一的心思就是現在餓得慌，明天早上那頓飯在哪裡還不知道，他們根本沒有工夫抬頭看星空，欣賞什麼美景。

「羅輯思維」曾經為大家介紹過一本書，叫《世界，沒你想的那麼糟》（*The Rational Optimist*），那本書的作者麥特．瑞德里（Matt Ridley）用非常調侃的語氣，嘲笑了那些幻想前現代化田園生活的人。他說你們不是說十九世紀前的生活很美好嗎？一八〇〇年，英格蘭高地上一個住在用原生木材打造的房子裡的農夫家庭，你以為他們的生活很好嗎？你幻想出來的景象是這樣的：父親在壁爐前，對著火光為大家大聲朗讀著《聖經》；媽媽在廚房裡為大家做著晚餐，晚餐是好吃的洋蔥燉牛肉；大哥正往餐桌上的杯子裡倒水；大姐正在馬廄裡餵馬；二姐正在哄著最小的寶寶入睡；而小兒子，正托著腮趴在窗邊，聽著外面的鳥叫。這樣的生活多麼的美好啊！

你在撒謊！這根本就不是真實的境況，你掩蓋了很多事實。那個正在讀《聖經》的父親，被日常工作折磨得要死要活，馬上氣管炎就要發作了，活不到五十三歲，因為那個時候英格蘭男子的平均壽命只有四十歲。

媽媽在廚房裡正被牙痛折磨著，她煮的飯自己是沒辦法吃的，牛肉她是嚼不動的，而且一年四季幾乎沒有機會吃上水果和蔬菜。

大姐是在馬廄裡餵馬，但是她已身懷六甲，她被隔壁鄰居家的房客強姦了，因為當時沒有保險套，那個孩子一生下來就要被送到孤兒院去。大哥正在為大家倒的水裡，充滿了乳牛的臊氣，因為人和乳牛喝的是同一條河流裡的水。

二姐正在哄的那個寶寶得了天花，馬上就要死了，那個時候嬰兒的夭折率非常高。二姐本人馬上就要嫁給鄰村的一個醉漢，成為他一生的奴隸。

趴在窗邊聽鳥叫的小男孩，你知道他心裡在琢磨什麼嗎？他一定是在琢磨，怎麼把那隻鳥抓住並吃掉，因為他餓。這才是真實的境況。

很多人都看不到那個時候的社會全貌，很多人的真實生活都被他們忽略掉了。

我再舉一個例子，仍然是二〇一四年的大學入學考試語文作文題，是廣東省的。

黑白膠片的時代，照片很少，只記錄下人生的幾個瞬間，在家人一次次的翻看中，它能喚起許多永不褪色的記憶。但照片漸漸泛黃，日益模糊。

數位科技的時代，照片很多，記錄著日常生活的點點滴滴，可以隨時上傳到網路與人分享。它從不泛黃，永不模糊，但在快速流覽與頻繁更新中，值得珍惜的「點滴」也可能被稀釋。

我小時候見到的就是這樣的黑白照相機，很多人買不起，都是找朋友借的。洗一套照片，全家就要縮衣節食，因為好貴。而且我小時候是生活在城市裡，很多農村人甚至一輩子都沒有拍過照片，中國有不少人不知道自己的爺爺奶奶、曾祖父曾祖母是長什麼樣子，他們一生都沒有機會留下一張照片，因為從鄉村跑到鎮上去拍一張照片要跑好幾趟，很遠，而且很貴。

現在任何一個打工妹都可以拿出自己的手機，斜四十五度角，來一個自拍，綻放青春的笑臉。

很多人反對現代化，讚美前現代化，是因為他們從來沒有做過人群之間的對比。過去的前現代化社會是「朱門酒肉臭，路有凍死骨」；而現在，大不了你吃雕爺牛腩，我吃麥當勞的雙層牛肉漢堡，你吃的雖然比我吃的貴，但是我們倆的差距沒有那麼大。

過去的前現代化社會，你是看鶯歌燕舞，我只能看自家豬圈裡老母豬的雙眼皮；而現在，大不了你去看七十五英寸的三星液晶電視，我看四十英寸的長虹液晶電視，跟你的區別也不是那麼大。

現在有很多人吐槽，說微博上太嘈雜了。你少關注幾個人不就沒事了嗎？過去只有高級知識份子、達官貴人可以發言，大家都聽他們的。現在魯蛇們終於有了發言的機會，當然嘈雜了，你不愛聽可以不聽嘛！雖然魯蛇們說的話可能也不入流，但是魯蛇也有發言的權利啊！這正是這個世界美好的原因，而不應是你討厭它的理由。

我為現代化辯護的理由其實還有兩個：第一，「人性的自由釋放」是一股無法阻擋的潮流。你甘地可以那麼想、那麼做，但是你身邊那個你最得意的弟子尼赫魯，他就不這麼想，他要的是國家崛起和工業化。你在你最能影響的人這裡，都沒擋住。你可以不吃肉，但我看見肉就忍不住；你可以去掃黃，有些人硬碟裡的片子就會變得愈來愈多。這就叫人性，是擋不住的。

第二，現代化往前走，往往就能解決現代化帶來的問題。比如說環保，難道退回到農耕社會才叫環保嗎？我們現在對比一下世界上的國家，是印度更環保、環境更美好，還是發達的美國和歐洲環境更美好呢？在一個城市裡，是富人區的環境更美好，還是貧民窟的環境更美好？只有人類更富足、更現代化，所有的問題、所有的缺陷、所有現代化帶來的煩惱，最終才能得以解決。

說到這兒，你可能又會說：「我就是覺得甘地這個人在道德上很高尚，我很羨慕他，我很崇拜他。」是的，我也羨慕他，我也尊重他，但我想說的是，任何道德都是個人的、自己的選擇，不可以用於綁架他人。

如果今天我有機會見到甘地的話，我仍然會對他生出一份敬意，向他深施一禮，然後說：「拜拜，我尊重你的道德選擇，但我深深的知道，你指引的方向不是人類的未來。」

第五章

好牌和爛牌，看你怎麼打

09 卿本好局，奈何崩盤——隋煬帝

先跟大家講個故事。當年蘇共中央開全會，正值赫魯雪夫當政，他在臺上大肆批判史達林。這時候場下有一個人突然尖叫起來：「赫魯雪夫同志，當年史達林當政的時候，你不也是中央委員嗎？你當時怎麼不敢提出反對意見呢？」

此言一出，全場鴉雀無聲。赫魯雪夫勃然大怒，一拍桌子：「誰說的？站出來！」等了半天，也沒人敢站出來。赫魯雪夫臉色一變，說道：「當年我就坐在你現在的位置上，你今天不也是什麼都不敢說嗎？」

講這個故事，是想表達我對歷史的一種態度。很多人以為歷史就是在講是非、忠奸、善惡，可是讀到一定的境界後，你會發現把這些都讀沒了，反而會讀出一種悲憫之情，讀出一種同情之理解。

一個歷史人物，不管他被供奉為神，還是被描述為鬼，當你了解到更多事實的時候，

你會發現，只要承認人性是多元的，他的所作所為就是可以理解的。我曾經在一集節目裡說秦檜，很多人就說：「羅胖為秦檜翻案了。」真是那麼回事嗎？我只不過是說，在秦檜當時的歷史處境當中，他的很多做法是有他的道理的，僅此而已。這樣讀歷史，才能讀出真滋味。

「專職惡棍」隋煬帝？

現在我們聚焦另外一個歷史人物，這是中國歷史上最壞最壞的一個人物，他就是著名的隋煬帝楊廣。所有用來描述壞人的詞語，尤其是描述壞皇帝的那些詞語，全部可以用在他身上，比如說：弒父、淫母、殺兄、幽弟、荒淫、殘暴。在中文裡能找到的所有貶義詞，放在隋煬帝身上都沒錯，他就是這麼一個歷史形象。

所以，要我們這些後人對他抱以理解之同情就難了，因為他就是個惡棍，拉出去斃了就完了。但是歷史上只有絕對的白癡，怎麼會有絕對的惡棍呢？如果他是一個普通的歷史人物，那很好研究，閱讀正史就好。因為正史的史官在選擇史料的時候，通常都是比較負責任的，也都是經過考證的。

可是隋煬帝不行，因為正史對他的很多記載都沒法兒信。比如在張宏杰先生所著的

《中國皇帝的五種命運》裡面，就寫了這麼一個故事：楊廣他媽獨孤皇后死了，楊廣表面上號啕大哭，痛不欲生，吃齋念佛；暗地裡卻談笑如常，讓僕人把魚、肉裝在竹筒裡，送到宮裡來偷偷的吃，他怕散出味兒來，還拿蠟將竹筒封了口。

這個故事你信不信？說不信吧，這一幕被司馬光寫在了《資治通鑑》裡，司馬光可是史學界的泰山北斗；說信吧，這件事又太不可思議了。

首先，獨孤皇后跟楊廣母子關係很好，這是見於史料的。其次，他是一個皇子，從小吃著大魚大肉長大，有必要在親媽死的那一天，冒著巨大的政治和倫理風險吃這麼一口肉嗎？這也太說不通了。

而且我閱讀過隋煬帝的一些作品，比如說他的詩集，讓我留下的印象是，他是一個很有才華的詩人。不能說詩人都是好人，但詩人至少是情感豐富的人吧？隋煬帝隨便一首詩拿出來擱在南宋，那都是響噹噹的婉約派。比如這一首〈野望〉：「寒鴉飛數點，流水繞孤村。斜陽欲落處，一望黯銷魂。」這樣一個情感豐富的詩人，親媽死了還非得吃肉？這也說不通。但是《資治通鑑》就這麼寫了，你信還是不信呢？

用常識還楊廣一個清白

為什麼後代的歷史學家老對隋煬帝潑糞呢？其中有一個原因是封建王朝都有個傳統，為了彰顯自己的合法性，就要證明前朝的亡國之君有多壞。其他王朝在易代之際，往往是否定前面整個統治集團，而不是在一個人身上做文章。比如說，漢代取代秦朝，就沒有大肆渲染秦始皇有多壞，私人生活有多淫亂，只是說他殘暴不仁。明太祖把元朝趕走，打著的也只是「驅逐胡虜，恢復中華」的大旗。

但是隋唐易代之際卻不是這樣，因為他們本質上是一夥的，北周、隋、唐本來就是一個集團，在歷史學上叫「關隴集團」。

北周有個厲害人物叫獨孤信，他有三個女兒分別嫁進了三個皇室。大女兒嫁進了北周皇室當皇后，四女兒嫁給了唐高祖李淵的父親，七女兒最著名，就是隋文帝楊堅的老婆獨孤皇后。

獨孤信一個人的血脈流淌在三個皇室裡面，你說這人厲不厲害？這也從側面說明了一個問題——北周、隋、唐三家其實是一夥的。所以，李唐王朝是不能否定這個統治集團的，那就只能說隋煬帝這個人太壞了，然後把他描述成惡棍、惡鬼。這就是隋煬帝被反覆抹黑的一個重要原因。

所以，今天我們想要幫他恢復真相，也就變得特別困難。

比如說，他到底好色不好色？這就很難考證。在正史的記載裡，他簡直就是色中餓鬼。《隋書》當中就有這麼一個記載，二十歲的楊廣帶領五十萬大軍平滅陳朝後，見到陳後主的寵妃張麗華，色心大動，遂將美人納入了後宮。

《隋書》的作者是魏徵，他寫的書，你信還是不信？可是仔細想想，這件事情根本就不可能。

首先，當時的楊廣僅僅是一個普通的皇子，還不是太子，正處於奪嫡的過程中，平滅陳朝是他重要的政治形象工程，怎麼會拿這種大事開玩笑呢？

其次，張麗華是誰？一個舉國皆知的淫蕩、貪婪、奸詐的婦人。平滅陳朝之所以合法，重要的一點就是要把這樣的奸詐之人除掉。所以，如果楊廣把這樣的女人當成一個簡單、美麗的肉體來看待，就太沒有政治常識了。

更何況，根據當時的歷史記載，張麗華的兒子那一年十五歲，那她至少得有三十歲以上了，二十歲的楊廣會對一個三十幾歲的御姐產生這麼大興趣？所以這件事我推斷就是誣衊，但它見於正史。

另外一條罪名就是楊廣弒父，這在封建王朝時代，是最大最大的罪名。在正規出版社出版的《中國歷史大事年表》（這算是今天的正史）白紙黑字記載著：仁壽四年（六〇四年），隋文帝死於楊廣之手。可是這件事可能嗎？

史料是這麼記載的：仁壽四年，楊堅快不行了，就把太子召進宮來見最後一面。楊廣進宮一看，老頭子快不行了，旁邊兩個妃子長得不錯，就一把按住強姦。結束之後妃子披頭散髮、滿臉帶血的撲到了老皇帝的身邊。老皇帝就問：「怎麼了？」妃子說：「太子無禮。」楊廣一看老皇帝知道了此事，就把老皇帝殺了。

這個過程你信嗎？要知道，楊廣不是普通人，他十三歲封晉王，二十歲平滅江南，然後在揚州當了九年的揚州總管，是一個非常有經驗的政治家。他之所以能當上太子，靠的就是硬生生的實力，而不是後人所講的那些陰謀。

隋朝原來的太子叫楊勇，這個人在很多方面都跟他老爹、老娘湊不到一起去。楊堅特別節儉，而楊勇則比較奢靡；楊堅特別愛猜忌，而楊勇偏偏跟江湖豪俠天天混在一起，甚至帶劍上朝。所以他老爹看見他就不爽。

他老娘獨孤皇后最在乎男人的生活作風問題，但是楊勇一點兒也不喜歡自己的正室老婆，天天跑出去跟一個工匠的女兒野合，生了一堆孩子。獨孤皇后自然也對他不滿。

還有，楊勇二十歲那年的冬至，朝臣都到隋文帝那兒朝賀。朝賀結束之後，隋文帝聽見太子宮那邊好像也有朝樂之聲，就派太監去打聽。太監回來報告說：「百官在您這兒拜完之後，就上太子那兒燒冷灶去了，太子一高興，說也要奏朝樂，所以這是百官在朝賀太子呢！」

你說他爹這時候心裡能沒想法嗎？當然會對楊勇心懷不滿了。總而言之，當時遠在揚州的楊廣，真的是靠自己的名聲上位的。他在南方禮賢下士，整理文化，結交當時的江南名士，做出了很多政績，都是真本事。兩個一對比，老皇帝自然是愈看長子愈不舒服，最後在開皇二十年（六〇〇年）決定重立太子。

換了太子之後，楊廣一改此前幾年的務實作風，從此利用當太子的三、四年時間專心寫書、編佛經，一心禮佛。而且當上太子的第一年，他就跟老爹說好，舉行太子冊封大典的時候不能穿太子服飾，因為這服飾跟他老人家的太像，要避免被人誤認。而且，他還建議以後太子宮裡的人，不要對他稱臣，因為老爺子才是唯一的主上。楊堅說：「好孩子，真懂事。」

這麼能裝、能忍的楊廣，難道連老爺子咽氣之前的幾個小時都忍不住，非要把人家妃子按倒，然後把老皇帝殺掉嗎？這不符合常理。

這時候最符合他的利益的舉動就是，認認真真的伺候老皇帝走完最後一程，順順利利的接班。挺過這幾個小時，天下就是他的了。常人都會這樣做。

而且當時的政治局勢也非常凶險，他的幾個弟弟都在地方上，已經有內線報告說有人造反了。此時他還有心撲上去，一下子脫掉幾十年的偽裝，變成一個禽獸嗎？所以，即使是終身致力於抹黑楊廣的那些唐朝文臣，在《隋書》裡面也沒敢這麼寫，但是後來的很多歷史書居然就這麼寫了。

隋煬帝的帝國藍圖

剛才我們一條一條的駁斥了正史中記載的關於隋煬帝的不實之處，你可能會說：「無非是翻案文章，這有什麼意思？」

沒錯，如果我們觀察一個歷史人物，不能構建一種情境，把這個人放回去，讓他的行為得到合理的、令人信服的解釋，我們這活兒就算是白幹。

要知道，不管我們怎麼替楊廣喊冤，他畢竟都是個亡國之君。一個花團錦簇的王朝，畢竟被他變成了廢墟。你說是什麼原因呢？如果不是因為他個人道德品質敗壞，什麼好色荒淫，還能給出一個新的解釋嗎？

這就是《中國皇帝的五種命運》這本書好看的地方，它的作者張宏杰先生為我們重新構架了一個隋煬帝的故事。

現在，讓我們把歷史的時針撥回到西元六〇四年，也就是大隋仁壽四年。這一年，隋煬帝登基。在後世之人看來，這一年他似乎沒什麼事可做，天下統一，風調雨順，民生殷富。楊廣坐在皇帝的位子上垂拱而治，老老實實做一個守成之主就好了。

但是在當時的人看來可不是這樣，因為隋文帝楊堅在生命的最後幾年，也就是從開皇二十年（六〇〇年）到仁壽四年（六〇四年）這一段時間，陷入了每一個老皇帝都會陷入的困境，就是愈來愈愛猜忌，他開始屠殺功臣，並開始徵收各種苛捐雜稅，對老百姓愈來愈嚴酷。所以楊廣登基之後，滿朝文武都放心了，覺得以後不用再整天喊打喊殺了，我們大隋江山在新領導人的帶領下，是不是要再上一層樓呢？這也是天下人的希望。

在楊廣看來也是這樣，老爹晚年做的那些事，自己雖然不吭聲，但心裡還是有想法的，所以他一上臺就做了三件事。

第一件事，把老皇帝臨死時頒布的那些嚴刑苛法全部廢除，大規模的修訂了《大隋律》。

更重要也更有趣的一點是，楊廣把謀反大罪的連坐制度廢除了——你造反就殺你，跟你的家人沒關係。這是多麼先進的法治思想，不過這一條到唐代的時候又恢復了。在中國這麼多皇帝裡面，做過這件事情的似乎只有楊廣一個。

第二件事，即位當年，普免天下租稅。因為他老爹實在是太摳門了，整天就像個聚寶盆似的搜刮民間財富，據說隋文帝臨死的時候，國庫裡的糧食足夠天下人吃五、六十年。楊廣就認為：「弄那麼多糧食幹什麼？最後爛了餵豬豬都不吃，還不如分給老百姓呢！」這一條楊廣在執政期間做過許多次，而且一次又一次的降低天下的稅賦，所以他絕不是一個不懂得寬仁之道的皇帝。

第三件事，禮賢下士，開科取士。據史書記載，楊堅是武將出身，素無學術，不太尊重知識份子；而楊廣則不同，他本來就受過完整的儒家教育，科舉制就是從楊廣那時候正式開始的。他開啟了一代文治，一改他老爹的治理方法。

當楊廣做完這三件事之後，他在天下儒生心中，簡直就是冉冉升起的一輪紅通通的太陽，雪片一般的稱頌賀表飛向朝廷。

但是在楊廣看來，這不過是先上幾道小菜，讓你們先吃著玩玩。你們真以為我在太子府隱忍那幾年，天天都在抄佛經？我是在構劃我偉大的未來帝王生涯，我將來要做的事情是你們這些儒生想都不敢想的。

果然，當年十一月，隋煬帝一道詔旨下來，說要徵發十萬民夫到洛陽北邊修一條一千里長的塹壕，以備北方的突厥騎兵南下。為什麼要現在修呢？十七天之後答案才揭曉，原來隋煬帝決定在洛水之濱修建帝國全新的都城——洛陽。過年之後，三月十七，百萬民夫集中在洛水之濱修建洛陽城，這可能是當時世界上最大的一個工程。幾天之後，隋煬帝又一道詔旨下來，再徵發百萬民夫修建大運河的第一期工程——通濟渠。

為什麼遷都洛陽、修大運河？

我們熟悉的隋煬帝出現了，這完全是不正常的節奏嘛！為什麼非得像個精神病似的，同時開建那麼多大工程呢？

《資治通鑑》對此給出的解釋是「因為迷信」。有一個江湖術士跟隋煬帝講：「五行當中您屬於木命，水生木，所以您不能在長安待著，得去洛陽。」隋煬帝聽了之後說：「好，那就遷都洛陽。」

又有一個術士跟他說：「老臣往東方一望，睢陽那個地方有王氣，有人想要取您而代之啊！」隋煬帝就問：「那怎麼辦呢？」術士說：「修大運河，破他的王氣。」「好，那就修大運河。」

當然，還有一些五花八門的解釋，說隋煬帝就是愛玩，想去揚州又不願意坐車，就修條大運河坐船去。這也太滑稽了，隋煬帝是什麼人，他怎麼會基於這些可笑的理由徵發天下的民夫呢？

楊廣到底為什麼要興建這兩大工程呢？如果處在隋朝當時的歷史情境裡，你就會看得比較清楚。

在隋朝統一之前，中國已經分裂了四百年，只有在西晉的時候短暫統一過，所以分裂的勢力仍然非常大。隋朝雖然統一了全國，可在精神文化上統一了嗎？所以，要想鍛造一個大一統的千秋帝國，還要下幾招妙棋。

楊廣下的第一招妙棋，就是把都城移出關中，在洛陽新建一個東都，和原來的長安形成扁擔之勢，這才挑得動整個帝國。原來只把長安當都城，那麼對江南、山東發生的事情就鞭長莫及。比如在楊廣登基那一年，他弟弟造反，消息兩個月後才傳到長安，雖然這次起事被鎮壓了，但這是一個危險的訊號，如果帝國的中央沒有一個中樞機構，很多事情都是照顧不到的。

另外，楊廣是帶兵並滅掉陳朝的主將，他還當了將近十年的揚州總管，他知道這個國家的南北方人民在精神文化上沒有統一，互相瞧不起，畢竟在長達四百年的時間裡，南方和北方都屬於兩個國家。所以必須修建一條大運河，完成南北雙方貨物乃至軍事物資溝通的一個大通道。

不管是站在當時來看，還是站在千秋萬代之後的今天來看，當年這兩項大工程，都是重組帝國地緣格局的重要棋子，也是兩招妙棋。

要知道楊廣可是「富二代」，他老爹搜刮天下，攢了五、六十年的糧食，做為「富二代」的他怎麼想？接著搜刮、囤積糧食？那是沒出息的「富二代」。有錢就得花，而且得花在刀口上。楊廣做的事情，和其他英明神武的帝王沒有什麼兩樣。比如說漢朝，文景之治積攢了大量的財富，漢武帝上臺就開始花——攻打匈奴，雖然打到後來也是民窮財盡，但畢竟使帝國拓地千里，而且除去了匈奴這個肘腋之患。

後來的清朝也是這樣，康熙、雍正負責積攢錢糧，到乾隆上臺的時候有錢了，於是就有了十全武功。雖然在乾隆末期，國家也是民窮財盡，但是畢竟他造就了一個帝國的盛世。

所以，你憑什麼認為楊廣不該這麼做呢？既然老爹攢了銀子，我就該花呀！當然你可能會說：「你花錢歸花錢，也不能把老百姓逼得太狠了，老百姓會造反的，你怎麼不吸取歷史教訓呢？」

楊廣此前的所有歷史經驗都告訴他，農民造反沒戲唱，雖然秦末農民戰爭也是陳勝、吳廣兩個農民起的鬨，但是最後真正把秦朝天下掀翻的是西楚霸王，還是貴族。

所以楊廣認為：「過度使用民力，雖然老百姓苦了一點，但是為了帝國的千秋大業，還是值得的，也不至於惹出什麼巨大的麻煩，只要貴族階層還掌握在我的手裡，就不會出現什麼大問題。」

三征遼東，從千古一帝到遍地盜賊

楊廣的年號叫大業，千秋大業的大業，這兩個字也是楊廣親手圈定的。在《二十四史》的帝王年號當中，這是最大氣磅礴的兩個字。到了大業五年（六〇九年）的時候，我們再看一眼大隋帝國，這時候東都洛陽和大運河已經出現在帝國的版圖上了，而且文治武功一時鼎盛。中央圖書館的藏書已經達到三十七萬卷，隋煬帝楊廣親自主持編撰的圖書已經達到一萬七千卷，而且科舉制已經步入正軌，天下士人歸心。

除此之外，隋煬帝楊廣還親自帶隊進擊西方強國吐谷渾，鑿通了西域和絲綢之路，把青海納入中華帝國的版圖，設置郡縣，所以說隋煬帝的武功也很顯赫。

天下的經濟也好得不得了，而且楊廣真的很走運，他在位的這五年風調雨順，財富滾滾而來，天下的民戶達到了八百九十萬戶，人口達到了四千多萬人。

這兩個數字你可能聽起來沒什麼感覺，但和其他朝代對比一下你就知道了。後來號稱貞觀之治的唐太宗時期，民戶也不過三百萬戶，只有大業五年時的三分之一左右。所以如果要論國力的鼎盛，大業五年才真的是達到了中國歷史上的一個巔峰。

這個時候的楊廣其實距離千古一帝已經不遠了，如果大業五年他得了個ＳＡＲＳ或者禽流感死了，那他就是千古一帝。後來唐宗宋祖什麼的只能排在他後面了。

但是在楊廣的眼中，還有一件事情沒有做，等這件事情做完了，他才能心滿意足。但正是這件事情，把他從千古一帝的神壇拉到了地獄。

大業五年（六〇九年）年末，隋煬帝楊廣在朝堂上宣布了一個決定：兵發遼東，攻占高句麗。在後來的很多歷史學家看來，這就是發神經，腦子進水了。高句麗地處一隅，蕞爾小國，距離中華本部山高水遠，你搭理它、招惹它幹什麼？此舉完全是出自於一個自大帝王的虛榮心。

但是在當時的歷史情境裡可不是這樣，當時的高句麗可不是現在這樣人畜無害的樣子。雖然是個小國，但卻蠻橫得不得了，經常欺負周圍的小部族、小國家，還和北方的突厥眉來眼去，這對中原王朝來說，就構成了心腹大患。所以「攻滅高句麗」這件事情，絕不是隋煬帝腦子突然搭錯線。早在他爹楊堅在位的時候，朝野上下就已達成共識，要用兵遼東。

儘管楊廣後來失敗了，可是幾十年後，英明神武的唐太宗李世民不是也接著出兵遼東嗎？雖然他也失敗了，但這至少說明，在那個歷史階段，中原王朝的帝王都認為，攻滅遼東的高句麗是基本的戰略決策。

錯的是什麼呢？是時間。當時朝堂上的文武大臣都不同意，都上書勸諫。因為楊廣把老爹楊堅留下的家底都快揮霍完了，民窮財盡，老百姓已經受不了了。

但是楊廣有強烈的智力優越感，他不聽這些文臣的：「朕想做的事情在你們看來都不可能，當年滅南朝陳國，後來當太子，打吐谷渾，最後哪件沒做成？所以你們別說了，執行就可以了。」

於是，從大業五年（六〇九年）一直到大業七年（六一一年），準備了兩年多就開始打高句麗。這一打可不得了，據後來的歷史學家換算，這一時期徵發民夫的總量，超過了大業五年之前所有工程徵發民夫的總和，這是一個舉國的大工程。大到什麼程度？隋朝攻打高句麗的第一次戰役，就動員了一百多萬士兵，號稱是二百萬。為什麼需要這麼多人？這跟隋煬帝的一個小心思有關。

雖然楊廣號稱「知兵」，從二十歲就開始打仗，可是他沒打過什麼硬仗。比如說他攻伐南陳的時候，南陳已經腐朽不堪了，大兵一到便望風而降。後來打吐谷渾的時候也是一樣，中原大兵一到，吐谷渾王一看：「我的娘啊！人太多了，跑吧！」所以，其實楊廣沒打過什麼硬仗。

楊廣心裡也很清楚，雖然他號稱戎馬倥傯一生，但手下沒有什麼真正的名將，怎麼辦呢？先把自己吃成一個胖子吧！就好像相撲運動員出場，先把屁股亮出來，要不一屁股坐死你，要不你投降，他玩的就是這個把戲。上百萬大兵壓境，那對方不就降了？降了之後就可以凱旋了，這是他千古帝業的最後一步。

所以隋煬帝就跟朝臣講：「咱們再咬咬牙，再加一把勁，等把高句麗滅了，咱們在洛陽舉行一次凱旋儀式，從此就讓老百姓休息，再不折騰了，好不好？」

於是，將近二百萬人上路了。你可以想像一下，後勤、糧草、輜重，這背後得需要多少民夫。原來大運河是從江南一直修到河南，隋朝大運河又從河南修到北邊的涿郡，為什麼？就是為了支持這一次北上攻滅高句麗，為了運糧。當時國內的男人已經不夠用了，把婦女都徵發上了，給我使鎬頭，給我刨運河，給我運軍糧，舉全國之力猛撲向高句麗。

雖然說這件事很耗國力，但漢武帝時期打匈奴不耗國力嗎？最後也是民窮財盡。但是隋煬帝倒楣就倒楣在，他遇到的對手不一樣。別看高句麗是一個小國家，但它就是倔強不屈，死守遼東城。上百萬大軍圍著遼東城，就是打不下來。

於是隋煬帝派大軍圍城，然後選了三十萬人繞過遼東城，準備直接拿下平壤，然後水陸並進。戰略好像也沒問題。但是高句麗人真是凶悍，咱們在這裡就不細說了，總而言之，高句麗人誘敵深入，然後在平壤周邊的一次戰役當中，大敗隋兵。隋兵三十萬人的大軍，你知道最後回來多少人？據史書記載，二千七百人。

隋朝大軍一直潰退到涿郡才止住腳步。這時候的隋煬帝可不再是那個自信滿滿的隋煬帝了，他這輩子沒打過敗仗，沒吃過虧，所以鬱悶得一頭鑽進皇帝的御帳，半個月沒出門。確實沒法兒跟大家交代，牛皮都吹出去了，洛陽那邊已經在準備凱旋儀式了；他為了吹這次大牛，還把很多番邦、外國的國王、使臣都帶上了，讓他們觀摩他是怎麼打仗的。使臣一看，中華上國原來就是這麼打仗的，都在那兒偷著樂。

半個月之後，楊廣出了帳篷，第一件事情就是宣布：「誰也不准說話，馬上準備第二次伐遼東。」我們必須記住這個時間，就是楊廣鑽出御帳，宣布第二次伐遼東的歷史性時刻。

很多歷史學家都說，隋朝伐朝鮮，就是它從頂點到衰落的轉捩點。我倒不這麼看，我認為隋煬帝楊廣鑽出御帳，宣布第二次伐遼東的時候，才是轉捩點。大家都有過第一次失敗也不算什麼。他爹楊堅伐遼東也失敗了，失敗就不打了，及時收手。唐太宗也打過朝鮮，一看打不過就不打了。唐太宗那時候就說：「魏徵要是活著，我絕對不打這一仗。」他們都知道收手。但楊廣不知道，他惱羞成怒，覺得尊嚴受到了極大的冒犯，於是立刻準備第二次東征。

這一次東征，動員的民力就更可怕了，因為楊廣認為「吃一塹，長一智」，戰略上得更加重視，所以準備的民夫，以及各種輜重、糧草，是第一次東征的一倍。

大家算算帳，在征遼東之前，大業五年，國力其實已經花得差不多了；經過第一次征遼東，死傷了幾十萬人，損失了大量的糧草、輜重，國力進一步被消耗殆盡。等他第二次又動員了一次一倍以上的資源，再撲向高句麗的時候，國家已經快到被最後那一根稻草壓上的時候。這時候民間已經亂了，很多老百姓都活不下去了，不是沒糧食吃，而是兵役太重，已經到了全國皆服役的程度了。當時就有一首著名的詩歌，叫〈無向遼東浪死歌〉。老百姓說：「去你媽的，反正要死，何必跟著皇帝到遼東那個異鄉去死呢？跟你拚了算了。」於是盜賊四起。

我們前面講過，楊廣並不在乎這些人：「我職業軍隊還怕你們這些農民嗎？你是為了一口糧，而我是為了整個王朝的統治，跟你們爭鬥太不對稱了。而且此前也沒有經驗告訴大家，農民自發的這種反抗能夠動搖我王朝的根基。」所以楊廣並沒有太在乎全國到處是盜賊（也就是農民起義軍）的這種狀態，開始第二次攻伐高句麗。

剛把遼東城圍住正攻打時，出事了。洛陽的楊玄感叛變了。楊玄感是誰？開國元老楊素的兒子，那可是貴族。楊玄感叛變，讓隋煬帝感覺到大事不妙。不僅因為楊玄感本人是貴族，還因為他是在洛陽發難。要知道，隋煬帝身邊很多大臣的嬌妻、美妾、子弟都在洛陽。所以隋煬帝一聽見這個消息，立即下令回軍，於是第二次征高句麗失敗了。

他退到涿郡的時候，聽說楊玄感的反叛大軍已經被攻滅了，後悔不已，早知道就不回軍了，再堅持幾個月，不就能夠完成自己千古一帝的夙願了嗎？在這麼一個尷尬的狀態下，隋煬帝乾脆宣布第三次征遼東。

後面的故事我就不講了，講了也讓人生氣。總而言之，他第三次征遼東好像是成功了，實際上也是勉為其難。當他在為自己的糧草能不能接續得上感到憂心的時候，一看高句麗認輸了，於是就順水推舟，班師回朝。

在回朝的路上，一股農民起義軍（也就是盜賊）居然衝進他的御營搶走了四十幾匹御馬！可見大隋王朝此時已經遍地是盜賊了。這個時候隋煬帝才意識到，已經不是什麼能不能當得上千古一帝的問題了，不是在歷代帝王排行榜上排第幾的問題了，而是大隋王朝在他的手裡還能不能保得住的問題了。

自尊心受挫如嬰兒

此後的幾年，隋煬帝基本上是全國的「滅火隊隊長」，到處撲火。大業十二年（六一六年）的春節，他過得特別淒慘，因為各地的道路已經被起義軍阻斷，向皇帝朝賀新年的使節都沒法兒進京，各國使臣雲集東都洛陽稱賀天朝皇帝的盛況一去不復返了。

史書上記載，這個時候楊廣夜裡經常會做惡夢，驚叫而醒。怎麼辦呢？得找一堆婦人，拍打前胸、摩挲後背，說「不哭不哭」才能入睡。他已經變成了挫敗到無法再挫敗的一個嬰兒。

所以，後來他的很多事情我們就可以理解了，他從此就變成了一隻鴕鳥，就是：「我什麼都不管了，反正我失敗了。」他本來是要畫一隻鷹，但是現在卻畫得像一隻雞。要是一個沒有自尊心的人，雞就雞吧！再添幾筆賣掉，掙幾個銅板也可以。但他是大藝術家，是在大沙盤上作畫的人，畫鷹畫不出來，那老子就不要了，這就是後來楊廣的心態：「我就是鴕鳥，我把頭埋進沙子裡，我把屁股高高撅起，誰愛打誰打。我這個皇帝不打算好好做了。」

這個時候，他只想去揚州，他當過近九年總管的地方。那個地方他最熟悉，而且可以遠離讓他非常操心的北方。所以，揚州那個荒淫無度的楊廣，實際上已經不是剛開始的那個楊廣了，而是一個自尊心受挫、已經打算不要命的嬰兒。

他在揚州行宮裡留下了很多故事。有一天（也許是常常）他拿著鏡子，摸著自己的頭頸感嘆道：「真漂亮啊！如此好頭頸，將來會被誰砍掉呢？」

北方的御林軍陪著他到了揚州，一看皇帝擺爛的樣子，保著他也沒有什麼出路，他們都是北方人，但皇帝賴在揚州就是不肯回去，怎麼辦呢？造反吧！把皇帝殺了算了。這就是他最後的結局。

話說那一天，御林軍衝到他的御帳當中，一把把他抓起來說：「走，到朝堂上去，走完你人生的最後一站。」楊廣說：「就讓我騎這麼一匹破馬，用這麼一個破鞍子嗎？這像是我走完人生最後一站騎的馬嗎？換好鞍子來！」

御林軍也沒辦法，到處找，最後找了一個不錯的馬鞍子幫他擱上去了。到了朝堂之上，御林軍掏刀要砍他，他說：「慢著慢著，知道不知道典故啊？諸侯之血入地，天下尚要大旱三年；我天子要死，那還了得？會發生什麼災禍，你們當得起嗎？天子自有天子的死法，怎麼能血流當場呢？」

御林軍上哪兒給他找毒酒去？最後找到三尺白綾奉上。隋煬帝楊廣的一生就被大業壓垮在這三尺白綾之上。

好了，故事講完了。難道我只是要告訴你們一個真實的楊廣的故事嗎？非也。我想說的，其實是當代每一個中國人心中都有的一個詞，叫「大國崛起」。

尋找與力量相匹配的目標

當代的中國，正和一千多年前的大隋王朝一樣，面對一個廣闊的上升空間，是一個盛唐就要噴薄而出的時刻。那我們從一千多年前的大隋王朝跌倒的這一跤身上，能學到什麼呢？

在這裡，我向大家推薦一本書——《中國崛起》，它的作者是我國著名的外交專家張劍荊先生，《中國改革》雜誌社的總編輯，這本書的副標題是「中國如何面對成長中的煩惱」。在這本書當中，張劍荊先生提出了一個觀點，說中國實際上是一個非常癡迷於力量的民族。原來我們力量大的時候，就陶陶然、欣欣然看不起周圍的小兄弟，這也沒什麼奇怪的。但是後來挨打了，我們就突然覺得，還是自己的力量不如人家。國際博奕靠的還是社會達爾文主義，還是那一套叢林法則，所以唯一的辦法就是走強國之路。說白了，從一八四〇年一直到現在，中國的國家主題就是強大，就是富國強兵，就是追逐力量。

可是當力量快要到手的時候，我們其實缺乏一種提醒的聲音，在這本書裡，就有這樣的聲音。張劍荊先生告訴我們，一個好的制度會生產出兩樣東西：第一，是「力量」；第二，是「對力量的控制」。這兩者在大國崛起的道路上，缺一不可。如果你只有力量，而讓這種力量失去了控制，那麼就請看看一千多年前的隋煬帝，就請看看第二次世界大戰時的德國和日本。

國家在追逐力量的過程中，如果對力量沒有控制，那麼你的力量不管怎麼大，最終還是不夠大。如果你對力量有控制，雖然你的力量不夠大，但是你可以尋找到一個和你的力量規模相匹配的目標，避免失敗。

所以，不管是楊廣，還是德國、日本，都在告訴我們，一個優良的制度可以生產出「力量」和「對力量的控制」，這是當代中國在走向大國崛起的路上，一個性命攸關的問題。

10 一盤爛局，步步成活——奧古斯都屋大維

日本有位女作家叫鹽野七生，她二十五歲的時候第一次到羅馬，就愛上了這座城市，從此定居下來。鹽野七生五十五歲的時候開始寫作，一千多年的古羅馬史，她一年寫一本，一共寫了十五年，出了十五本書。這套書的名字叫《羅馬人的故事》。

我個人原來對古羅馬史也有一點兒興趣，只不過看得雞零狗碎，很難概括出一個總體印象。如果用一個詞來形容就叫「隔」，就是很多事都知道，但是很難把它用一個邏輯串起來。直到看完這套書，我才覺得我生命底層有一些東西，和那個古老的帝國之間有了一些連結。

我們在讀中學歷史教科書的時候，知道西羅馬帝國在西元四七六年滅亡，從此留下了一個苟延殘喘的東羅馬帝國在那兒慢慢的爛下去，羅馬時代就此結束。這就是我們對它的印象。

但是如果你仔細推敲，就會發現不是這樣的。西元四七六年，這一年沒有任何特殊的意義。要說西羅馬皇帝名存實亡，其實是很久遠的事情了，西羅馬帝國後期，皇帝不過是「蠻族」傭兵手裡的傀儡而已；要說法統的存續，西羅馬帝國真正的終結，其實是在一九一八年到一九一九年，即第一次世界大戰結束的時候。

為什麼會出現這種情況呢？因為那個時候歐洲三頂王冠同時落地，而這三頂王冠所屬的三個皇帝，都認為自己是羅馬帝國的繼承者，他們的皇家徽號當中，都有一個「凱撒」。德意志皇帝、奧匈帝國皇帝就不用說了，俄語中的「沙皇」一詞，其實就是「凱撒」的意思。所以，應該說一直到近代，羅馬都還活著，它是遠超乎我們想像的一個存在。

古羅馬——今天的中國最需要懂的國家

羅馬的崛起是在希臘的地中海霸權衰落之後，可是羅馬在當時什麼都不是。論文化，它不如希臘，希臘即使在亡國之後，仍然保持著文化之邦的狀態。羅馬帝國即使在最鼎盛的時候，元老院的貴族一旦遇到一個愛讀書的孩子，也還是會想方設法把他送到希臘去留學。

論做生意，羅馬人比不過迦太基人，就是它南邊的那個北非國家。論打仗，羅馬人又打不過北方的「蠻族」。不說後來的日爾曼人，即使是早期的高盧人，羅馬人也打不過。

那麼羅馬人憑什麼大國崛起呢？因為它的制度設計能力。羅馬軍團真的是依靠制度的力量，完成了它在軍事上的崛起，而更重要的還有，由《十二銅表法》開始的法律體系的建設。後來文藝復興的第一條就是羅馬法的復興。

羅馬人建立制度的能力雖然不是絕後，但絕對可以稱得上是空前，這一點尤其值得改革開放三十多年之後的中國人從中得到一些啟示。

講歷史有一個方法，就是抓住這段歷史當中最有名的那個人。古羅馬歷史中大家最熟悉誰？當然是凱撒大帝。

論軍功，凱撒從高盧一直打到不列顛，橫掃當時已知的文明世界，他留下這麼一句話：「我來，我見，我征服。」雖然惜字如金，但擲地有聲。

論文化，凱撒寫的《高盧戰記》、《內戰記》，直到今天仍然是拉丁文化界的範文。

論泡妞，凱撒也是一把好手，他的眾多女友就包括中國人很熟悉的埃及豔后——克麗奧佩脫拉七世。

其實，凱撒最偉大的一點是，他為羅馬帶來了一絲和平與安定的曙光，他用軍功、聲望和強力的政治運作，終於讓元老院俯首稱臣——西元前四十四年，元老院集體宣布，向凱撒宣誓效忠。

凱撒有一個眾所周知的優點，就是「寬容」。他認為犯過錯不要緊，只要改了就是好同志，可以攜手走進新時代。西元前四十四年三月十五日，凱撒決定到元老院宣布一件事，他要帶兵去東方攻打安息帝國，繼續為共和國開疆拓土。與此同時，他還要宣布一下攝政監國的人選。

但是凱撒太掉以輕心了，他居然相信了元老院的宣誓效忠，甚至解散了自己的衛隊。他去開會的那一天，隨身只帶了幾個人，其中就有他的大將，後來的「後三頭」之一的安東尼。可是安東尼半路上被人以商量事情的名義騙走了，所以凱撒幾乎是孤身一人來到了元老院的會堂。

他剛剛坐定，就被十四個年輕人團團圍住。這十四個人掏出佩劍，把凱撒捅得渾身是血。當然，凱撒臨死的時候仍然保持了帝王的威儀，他用長袍裹住了自己血肉模糊的身體，含恨而逝。

羅馬共和國的歷史到這一刻，突然面臨著一次斷崖，因為這意味著一百多年的流血、犧牲和內戰換來的安定的希望，突然之間又要破滅了。

古羅馬的制度性困境

為什麼凱撒會被刺死？凱撒身上背負的那個歷史的共業——已經持續了一百多年的困境，到底是什麼困境？想要知道答案，我們就得把時間倒推到西元前一四六年，差不多是凱撒死之前的一百年。

西元前一四六年這一年很有意思，當時東西方兩個大帝國——中國和羅馬——都是國勢蒸蒸日上的時候。但是有一點不一樣，在中國，漢景帝剛剛平定了七國之亂，漢武大帝劉徹即將登上歷史舞臺。中國那個時候雖然還沒有開疆拓土，但是基本的制度建設已經完成。從春秋戰國到秦國的郡縣制，到西漢初年的分封制，然後再到七國之亂結束，終於回到了帝制的正軌。這個時候制度建設是摸清楚了，所以漢武大帝上臺之後，才開始開疆拓土。

可是西方的羅馬帝國正好相反，它是先開疆拓土，後建設制度。所以在開疆拓土的過程中，就陷入了一種制度性的困境中。

很多人會說，羅馬不是有什麼元老院制、執政官制、保民官制嗎？多好的制度啊！沒錯，尤其是在和迦太基人打第二次布匿戰爭的時候，對手就是著名的「戰略之父」漢尼拔。當時迦太基人繞過阿爾卑斯山，兵臨羅馬城下。羅馬人就是靠著元老院制度、執政官制度、保民官制度，全國上下一心，打贏了這場戰爭。這足以證明那是一套非常好的制度。

可是，一個國家在擴張的過程中，原來的制度一旦在規模上擴大，就會出現不適應的問題。這一點在東方的中國已經解決了，但是對西方的羅馬而言，還是一個全新的問題。其實這也不單是羅馬的問題，全世界的國家都會遇到這個問題，即一個小國家突然擴張之後，原來的制度就不好運作了。

比如說中國，秦國變成秦朝之後，為什麼會出現著名的暴政？很多人說秦毀於暴政，可是為什麼在統一六國之前沒有暴政呢？有的歷史學家是這麼分析的，說這是因為制度擴充的問題。秦國本來是一個邊陲小國，所以它有一個戍邊制度。每個農夫每年要為國家當三個月兵，到邊關去打仗，打完仗之後再回家耕作。當時對到達邊關的時間有具體的規定，如果不到，就要殺頭。

這個制度是可行的。可是，當秦國變成一個大帝國的時候，再用這套制度就會有問題。比如說陳勝、吳廣，他們倆是河南人，秦朝派他們到漁陽戍邊，就是到今天的北京密雲這一帶。那時候交通條件不好，他們選的路也很有意思，先往東走，到大澤鄉這一帶，然後再往北走。結果走到半路，到大澤鄉這片沼澤地的時候遇到大雨，路斷了，「失期當斬」。陳勝、吳廣想：「反正是死，還不如拚一場！」這就是秦朝滅亡的原因。它的制度設計本來是好的，只不過擴展到更大的地域範圍以後，就出現問題了。

羅馬帝國也一樣，本來它只是臺伯河邊的一座城，當它把地中海都變成自己的內湖的時候，它的疆域擴展，人口增多，帶來的問題就太多了。舉兩個例子，羅馬攻打下那麼多地方，新征服的人口要怎麼辦呢？而且打仗總不能靠自己打吧？於是就開始發展藩屬國、同盟國的軍隊。打來打去，最後藩屬國、同盟國的軍隊人數比羅馬的軍隊人數還要多。據史料記載，羅馬軍隊當時有四萬人，而同盟國的軍隊已經達到八萬三千五百人，是羅馬的一倍多。可是分戰利品的時候，羅馬又不肯多分給他們，這就有問題了。

再者，新征服國家有很多戰俘，羅馬人直接把他們變成了奴隸。這就導致那個時候羅馬帝國境內，義大利本土的三分之一居民都是奴隸。羅馬共和國鼎盛時期，公民不過一百萬人，怎麼看得住上億人？

所以這就必然發生戰爭，比如說「同盟戰爭」，就要解決同盟國的問題，再比如像「斯巴達克斯起義」，迅速從幾千人發展到了二萬多人，而羅馬兵團只有四萬人，面對這種反抗，怎麼解決？就算他們不反抗，你不害怕嗎？

僅此也就罷了，更重要的是，除了羅馬人和外邦人，新征服地區的人之間還衍生出了一個對立，就是貧富分化問題。

在《羅馬人的故事》裡面，最開始講古羅馬就是開疆拓土那一段，整個就是一個水泊梁山，因為他們就是靠「搶」來過日子。他們不會種田，羅馬本地的農田又不是很好，它真正的糧倉是西西里，西西里還被迦太基人占著，所以它只能透過打仗去搶，以戰為耕。

羅馬人怎麼打仗？要靠分級。如果你是上等人，有槍，又養得起馬，你就可以當騎兵、當軍官；如果你沒錢，弄根棍子或者拿把刀劍跟在隊伍後頭，就是輕裝步兵、重裝步兵。羅馬軍團裡分很多級，「Class」這個單詞，就是現在英文「階級」這個詞，就是從羅馬軍團的分級制開始的。打仗搶來的戰利品，按出力多少分，有槍有馬的就分得多，拿著棍子的平民百姓就分得少，這看起來很合理。

可是，如果這種制度長期運作下去，你就會發現它比市場經濟還要殘酷。市場經濟長期按規則運作，就會產生貧富分化。而以打仗為主要收入來源的羅馬人，貧富分化就更嚴重了。剛開始也就罷了，隨著帝國的擴張，老百姓除了打仗，已經沒有辦法兼顧家裡的田園耕作了。

從西元前一四六年到西元前四十四年這一百年間，將近20％的羅馬人都當過兵，而且服役的期限基本上都在七年左右。本來是出去搶一把，然後就回家種田過日子。現在這種日子再也過不上了，要搶就要去遙遠的西班牙、高盧，甚至亞洲、非洲亂打一通。等七、八年後回家一看，「田園將蕪胡不歸」，家裡人都快餓死了，早把家裡那幾畝薄田拍賣掉了，自己一下子變成了貧農。

到羅馬共和國末期，這種情況嚴重到什麼程度呢？據說這幫退役軍人淪為赤貧以後，只好到羅馬去當移民工。羅馬城最高峰的時候，有三十二萬這樣的移民工，占到羅馬公民總數的三分之一。可見這個社會的貧富差距已經嚴重到什麼程度！

凱撒當政的時候，羅馬就面對這兩個困境：第一，疆域擴張帶來的羅馬和其他人的對立；第二，疆域擴張帶來的貧富分化。這兩個困境不解決，羅馬將永無寧日。

凱撒被刺：貧富分化的博弈

到了西元前一四六年，羅馬人做了一件驚天動地的偉業——跨海南征，徹底滅掉了迦太基城，史稱「第三次布匿戰爭」。這次戰爭的結果，就是羅馬把迦太基城徹底推平了，而且羅馬人很缺德，在人家的土地上撒滿了鹽，意思是讓此地從此寸草不生。到這一年為止，地中海徹底成為羅馬的內湖，羅馬的國勢達到了巔峰。

一個朋友跟我講過一段話，讓我印象特別深，他說：「什麼叫政治？古往今來政治的核心問題就一個，就是按規矩來的時候，只要博弈下去，一定有一部分人勝出，這叫富人。可是富人勝出之後，他們永遠占少數，窮人永遠占多數，於是窮人就要跟富人談判。窮人會說：『把錢交出來，要不然弄死你，因為我們人多。』所以好的政治的特點是什麼？就是既不讓雙方撕破臉，又能讓大家按規矩來博奕。與此同時，還能夠讓富人心甘情願的把錢掏出來給窮人，讓窮人不至於走投無路，這就叫好的政治。」

羅馬這個時候就亟需這樣一次變革。歷朝歷代的賢達們都做過各式各樣的實驗。最早兩個不懂事的，叫格拉古兄弟。這兩人出身望族，一看這個形勢，說這還不是和尚頭上的蝨子——明擺著嗎？得讓富人趕緊把錢和地掏出來。所以兄弟倆弄了兩個法律，一個叫「糧食法」，一個叫「土地法」，要逼富人張嘴吐出錢和土地。可是富人憑什麼這麼做呢？

博奕到最後的結果是，元老院派人把這兩人殺了，還把屍體拋入臺伯河，染得河水一片赤紅。這就是第一次改革的結果。

在很多社會內部，當窮人和富人到了不得不兵戈相見的時候，一定會召喚出一個魔鬼——軍閥。因為那些軍事力量的掌控者，最樂意利用的就是這種情緒。窮人沒飯吃了，我可憐你們，來，跟我走。電影「讓子彈飛」裡面就有這個情景：「槍在手，跟我走，殺四郎，搶碉樓。」打到哪兒就去哪兒，「闖王來了不納糧」，所以窮人自然就跟著他們走。窮人一旦跟他們走了，就成了獨立於規則之外的一個暴力機器。

格拉古兄弟改革之後，羅馬在上百年的時間裡，經歷了幾輪軍閥混戰。馬略、蘇拉，「前三頭」時代的克拉蘇、龐培，以及我們說到的凱撒，其實都是軍閥。其中最著名的是馬略，據說他發明了一根棍子，叫馬略之棍。馬略跟元老院說：「我不要你們提供補給了，我們每個人自己扛著輜重往前走，我們打仗行軍速度快；還能邊打仗、邊耕作、邊修路，我們自給自足。」元老院一看挺好，就同意了。

當一股軍事力量擁有自己的後勤補給，不再依賴中央財政的後勤支持的時候，就變成了軍閥。所以馬略後來看羅馬不順眼，就殺回羅馬，把元老院殺了個鮮血橫流。

羅馬人打來打去，先是馬略，然後是蘇拉、龐培、克拉蘇，最後打出一個凱撒，國家終於獲得了暫時的安定。

但這個故事不可能結束，因為凱撒用的仍然是窮人，凱撒一生都住在貧民區，他認為所有的政策都要為窮人服務，這具有道義上的合理性。所以他不跟元老院廢話：「格拉古兄弟搞的「糧食法」和「土地法」不是沒有通過嗎？現在不用你們這些保民官、執政官討論了，我直接就頒布政令。」

凱撒開始徹底使用強權來穩固局面，解決貧富分化了。元老院也拿他沒辦法，凱撒想說什麼就說什麼。比如他說：「我不吃魚，大家都別吃魚了！」一紙政令就下去了。當時羅馬著名的大知識份子西塞羅就在日記裡偷偷的罵他，但也不敢公開罵，只能隱晦的說：「最近老拉肚子，是不是因為不能吃魚的原因呢？」

凱撒就是這樣，而且他做事不太講規矩。西塞羅經常收到一些外地的小國王寫來的感謝信，說：「感謝你在元老院支持我當國王。」西塞羅說：「我沒說過這話啊！誰支持你當國王了？」然後再一打聽，原來是凱撒幹的。凱撒經常在頒布政令之前，發現缺元老院一個簽字，又不能簽自己，「那就簽西塞羅吧！」於是這個政令就發出去了。

元老院對凱撒，真是豆腐落在灰堆裡——吹也吹不得，打也打不得。元老院還經常試探性的賣個好，說：「給你上個什麼光榮稱號，或者給你一個什麼好處吧？」凱撒就點點頭，連站都不站起來。

正是因為這種對立，才出現了我們前面講的那一幕——凱撒被刺。如果你認為這只是歷史上的一個偶然事件的話，那就大錯特錯了，因為雙方的對立和當時的解決方法，實在是無法長久共存的。多年之後，法國著名的歷史學家孟德斯鳩寫了一本《羅馬盛衰原因論》，其中有一句話：「即使凱撒不被刺死，他的政策也不可能持續。」

因為凱撒一直是用強權在壓制元老院，而元老院裡面都是羅馬城幾百年來的望族。凱撒暫時可以把他們壓制住，但百年之後，這套政策還能持續嗎？屆時反彈是一定會有的。即使現在有凱撒，可是凱撒身後，這個國家又會陷於混亂。

凱撒一死，局面徹底崩潰

刺殺凱撒的十四個人背後，影影綽綽有些元老院大老的身影。他們謀劃刺殺凱撒需要多長時間？對於一支反叛隊伍而言，還又是精英階層，肯定早就制訂好了一整套計畫。最後，他們推出來的這個組織者是誰？他叫小布魯圖斯。小布魯圖斯刺殺凱撒的時候，他並不知道自己已經被凱撒列為了第二順位繼承人。

凱撒臨死的時候還轉身看了他一眼，問道：「還有你，布魯圖斯？」這也是他一生中最後的一句話。小布魯圖斯想的是：「我們貴族怎麼能任由你這樣的軍閥來胡作非為呢？雖然咱倆關係不錯，但我還是要宰了你。」

這幫人把凱撒弄死後，小布魯圖斯就跑到廣場上，掏出一份稿子來演講，意思是政變成功了，暴君死了，暴政結束了，自由來臨了，大家擁護我上臺吧！但演講完之後才發現，廣場上一個人也沒有，沒人支持他。這說明什麼？這說明當時大家對民意已經有了誤判，而且誤判之深，已經到了匪夷所思的程度。

凱撒有誤判，他根本沒想到，已經宣誓效忠的元老院居然會心懷叵測，一定要弄死他才甘心；而元老院這幫人也根本沒想到，他們把凱撒這樣的暴君弄死之後，居然沒有人支持他們，可見雙方對政治形勢的判斷都有錯誤。也就是說，當時的羅馬已經沒有人能夠做為黏著劑，把對立的雙方黏到一塊兒了。只有一個人，那就是凱撒，但他也只是暫時彌縫著這個局面，凱撒一死，這個局面就徹底崩潰了。

接下來，元老院這幫人就開始商量：「我們把凱撒的屍體拋入臺伯河，跟格拉古兄弟一樣吧！」但他們還沒商量出結果，凱撒的小夥伴們就已經把屍體弄走了，安東尼在凱撒的宅邸為他舉行了追悼會和葬禮，並宣讀了遺囑。遺囑當中有一句話：「我死之後，把我所有的財產分給羅馬人，每人三百個賽斯特斯。」賽斯特斯是當時羅馬的貨幣單位，相當於每人三百個銅板。

老百姓對此當然感激涕零，於是就不答應了，說：「凱撒一直對我們很好，本來就是我們平民的保護者，臨死了還不忘分錢給我們，現在你們居然把他弄死了！」然後他們在凱撒的葬禮上點燃火把，直接衝進了元老院，開始砍殺那些行刺凱撒的刺客，羅馬再次陷入混亂。

凱撒指定的繼承人屋大維，後來的奧古斯都大帝

在凱撒的遺囑當中，除給百姓分錢這一條之外，還有一條讓大家都目瞪口呆。凱撒指定了一個繼承人，這個人叫屋大維。「讓屋大維繼任凱撒的職位？」沒有人敢相信自己的耳朵。因為屋大維當時還是個毛頭小子。我的同事李源先生總結了屋大維平生的六大恨：

第一大恨，年齡小。凱撒指定他為繼承人的時候，他才十九歲，誰會支持他？

第二大恨，沒有任何執政經驗。

第三大恨，長得矮，只有一百七十五公分，看起來就不像一個強權人物。他不像凱撒、龐培、蘇拉這些人，都是一百八十公分的大高個兒。

第四大恨，身體不好，一輩子都有腸胃病。他身體不好到什麼程度？在他執政的時候，元老院動不動就要到神那兒為他祈福，前後共祈福了五十五次。每次都是眼看著快不行了，但過幾天搖搖晃晃又活過來了。

第五大恨，出身不好。在古羅馬拉丁語當中，屋大維是「第八」的意思。那屋大維跟凱撒是什麼關係呢？他們倆在血緣上其實並不是很親，屋大維的母親是凱撒的侄女，所以屋大維算是凱撒的外甥孫。

第六大恨，沒有軍功，一生似乎只打過一次勝仗。

總而言之，屋大維這個黃口小兒，既沒有任何民意的支持，又得不到軍方巨頭的首肯，就搖搖晃晃的拿著這份遺囑，登上了凱撒留下的位子。在他的面前，前兩個問題仍然擺在那兒，一個是羅馬人和外省人的對立，一個是貧富分化。而且他的面前還多了一樣東西，就是凱撒的屍體。一個小孩子面對這個局面，該怎麼辦呢？

一個十九歲的黃口乳子，就這樣坐到了羅馬共和國最高執政官的位置上。但他的權力基礎是那樣的薄弱，他簡直就是個泥足巨人，這是他的起點。可是他的終點又是多麼輝煌啊！屋大維不是別人，就是後來的奧古斯都大帝，是羅馬元首制的創始人，是事實上的第一任羅馬皇帝。

一次成功的政治體制改革

屋大維是怎麼完成這個轉化，推動這一次巨大的政治體制改革的？讓我們回到起點，看看屋大維到底做了些什麼。

他做的第一件事情，就是打掉極左和極右勢力——否則這個國家將永遠不得安生。在這裡我要提到一本書，是中國當代知識份子秦暉寫的《共同的底線》。這本書裡講了一個概念：「中國其實缺好的左派和好的右派。」

什麼叫好的左派和好的右派？就是雙方能夠按照共同認定的遊戲規則在一起博奕，別動不動就掀桌子，動不動就打翻狗食盆，讓大家都吃不成。唯有大家坐在一起，按照既定的遊戲規則商量好，是要更多的福利還是更多的自由？最後達成一個妥協，也叫「共同的底線」，這樣才會產生國家的長治久安。

屋大維當年也是這麼想的：「元老院和軍閥雙方殺來殺去，到哪年才能了結？這樣吧！我來操刀。」剁手行動就此開始。

他先是以「為凱撒報仇」為名，衝到元老院，將所有向凱撒動刀的人一個個誅殺。元老院其他人就沒有嫌疑嗎？當然有，屋大維就陰森森的圍著元老院轉，看誰不順眼就剁誰。

據史料記載，屋大維看見一個法官腰裡別了個東西，覺得很可能是把劍，就把他宰了。後來證明這個法官其實什麼都沒有，當時屋大維在元老院製造了一點點對極右勢力的恐怖主義。

反過頭來，他又往極左這邊看。就是軍閥這一幫，他們總是替平民說話，跟元老院那幫貴族不是一夥的。領頭人是誰？安東尼，就是凱撒留下來輔佐屋大維的大將。但安東尼心裡不服：「我歲數大，輩分又高，卻要來輔佐你一個黃口乳子，扯什麼呢！你又不會打仗，又沒有軍功。」

屋大維確實不會打仗，前面我們說過，他一生就打過一次勝仗，而且據說有一次在打仗的時候，竟然因為睡著而忘記發命令了。後來安東尼一見到屋大維，就拿這件事來嘲笑他。

屋大維心裡暗暗憋了一股氣，透過十幾年的博奕，才終於把安東尼和埃及豔后克麗奧佩脫拉七世的聯軍滅於亞克興角海戰之中，從此左派也老實了。

但這還不算完，因為軍閥不是單指哪一個人，它是一派勢力，只要土壤還在，隨時會滋生出來。下一個滋生出來的會是誰呢？屋大維盯上了一個人，這個人叫阿格里帕，也是凱撒留下來輔佐屋大維的，是一位戰無不勝的名將。從史料上看，屋大維對這個人好得不得了，儼然是一輩子的好基友。可是從史料的蛛絲馬跡當中也能看得出來，屋大維一直在防著他。

比如說，羅馬軍隊將領經常會歡呼「戰友們」云云，但是屋大維就不許阿格里帕這麼喊，他只能喊「戰士們」。

再比如說，屋大維和阿格里帕是同年，可是我們如今看到的羅馬塑像裡面，阿格里帕被雕刻成一個五十歲以上的老人，而屋大維則被雕刻成一個三十多歲的年輕人。可見他想向羅馬公民傳達出這樣一個資訊：「跟我走吧！我年輕。」其實他的身體遠遠不如阿格里帕健康。

他還硬生生逼阿格里帕離了婚，然後把自己的女兒嫁給了他。其實阿格里帕的前妻也是來自屋大維家族的，那他為什麼這麼做呢？屋大維的意思是：「我現在是你的老丈人，你若生下兒子，那就是咱倆共同的繼承人，你也就不會惦記我的位置了。」就這樣，屋大維死死的把阿格里帕綁在自己的戰車上，從此消滅了軍閥對於執政官以及羅馬現行體制的威脅。

屋大維上臺之後，先打了這套組合拳，對極左、極右勢力一個都不饒，先剁了再說。

說白了，這一步就是告訴大家：「要玩，就把桌子支起來好好玩，別動不動就掀桌子。」

第二步，咱們玩什麼？過去都是大老二，誰有錢、誰有權、誰有拳頭誰就贏，贏家通吃。現在咱們不能那麼玩，咱們得玩麻將。我打一張，才能吃一張；我吃一張，得打一張。跟元老院之間，得有進有退，好商好量，大家都覺得合適了才能玩得下去，最後誰胡牌呢？咱們慢慢湊，不著急。這就是屋大維主張的遊戲法則。

安東尼死了之後，屋大維就跑到元老院去，跟大家商量一件事——「恢復共和」。屋大維可不想像凱撒那樣最後被捅死。

元老院說：「被你們一家子欺負了這麼多年，你還想共和？那我們歡迎。不過咱們也得給你個東西。」三天之後，元老院封了屋大維一個「奧古斯都」的稱號。奧古斯都後來變成了皇帝的代名詞，但這時候是什麼意思呢？在拉丁文當中，大概就是一個厲害的人、神聖的人的意思。

但是屋大維不能退讓的是什麼？是軍權，「槍桿子裡出政權」。軍權雖然在手，但是怎麼才能讓別人心服口服，這就要動心思了。屋大維就說：「現在國內已經很安定了，但邊疆還是有戰亂，所以我們軍人就得去打仗。這樣好不好？咱們把所有的行省分成兩類，富庶、安定的地方歸元老院，你們派總督去管；所有邊疆地區，戰亂頻繁、刁民又多，這些地方歸我，我去征戰四方，為你們提供安全保障。」元老院說：「那太好了。」屋大維說：「行，我來保障大家的安全。」

羅馬當時有幾十個軍團，都是皇帝在管。這一管，就管出了一個確定無疑的軍事權力。邊疆你們不要，那歸我好了，邊疆也沒別的事，徵不上稅，又沒什麼財富可貪汙，只剩下打仗了，打仗我負責，給我軍隊就行。所以這一招就等於是屋大維給元老院錢和安定，元老院給屋大維軍權。就這樣，元老院心甘情願的把軍權交給了屋大維——這就是麻將的打法：我給你個東西，你也給我個東西。

其實屋大維在這裡面還做了很多事情，下面要說第三步，是麻將怎麼打的問題。既然是打麻將，就要定規矩，是按北京打法還是四川打法？是血戰到底還是帶混兒？這得事先講清楚。

屋大維就開始了定規矩的過程，這其中就包括很多內容了，講一個簡單的，就是遺產稅。徵遺產稅是最不得人心的，人家剛死，親戚還在痛哭呢！你就上門要錢，好意思嗎？所以這種稅是很難徵上來的。

屋大維說：「這樣吧！我們讓富人把錢交在明處，你不是在交遺產稅，而是在養常備軍，這下錢不就歸我了？而且你們錢不夠的時候可以找我要。」因為打下來埃及之後，是屋大維的私有領地，還有很多人給他捐贈，他變得很有錢，於是率先做出表率。

在屋大維執政的過程當中，很多事解決不了的時候，屋大維就動用私人財產來解決，搞得貴族也沒辦法，只能跟著掏。

總而言之，他所有博奕算法的基礎，就是「明確」，包括他在各個行省設稅務官，其實就是為了治理貪汙腐敗，讓富人心甘情願的掏出錢去養活這個國家，去養活所謂的常備軍和邊關的將士們。

除了定規矩，屋大維還做了一件事情，就是營造好氛圍。既然是打麻將，就得把張太太、李太太、趙太太請到家裡來，打的時候雖然暗藏機鋒，都是實實在在的錢的輸贏，但是檯面上大家家長里短都聊得很高興，打得晚了主人還得端上一碗熱湯麵來。

前期的屋大維和後期的屋大維，對於元老院的態度截然相反。前期凶橫得很，可是等到他真正執政了，對元老院卻溫順得像小綿羊似的，經常在元老院發表演講。他這個人口才不怎麼樣，元老院的人經常就跟他吵嚷起來，說要一條一條的反駁他，有時候把屋大維氣得拂袖而去。

屋大維的繼任者叫提貝里烏斯，是他的繼子。提貝里烏斯有一次寫信給屋大維說：「您怎麼能容忍這幫王八蛋呢？他們對您太無禮了！」屋大維說：「這個氛圍已經不錯了，他們只要不掏出劍來對著我，跟我劍拔弩張，我就知足了。」總之，屋大維把牌局的氛圍營造得很好。

等把這四條都湊齊，元老院突然發現，本來贈送給屋大維的那些自以為不值錢的東西突然升值了，什麼東西？就是那些虛名。元老院本來覺得：「你反正是一個獨裁者，你還一點兒權力回來，我給你一點兒虛名。」什麼奧古斯都、第一公民，最後連「國父」這頂大帽子都給他了。可是等屋大維先把實地占好之後，元老院這幫精英們突然發現，原本給的高帽子現在全用上了！因為在羅馬的政治生態當中，只有屋大維一個人擁有人民的擁護和元老院的尊重，這些高帽子疊起來就是一面旗幟，所有人能夠看到的羅馬第一人就是屋大維。屋大維是道德表率，是經過元老院所有人認可的利益平衡點，是解決所有紛爭的最終仲裁者。

為什麼元首制後來會演化成帝制？就是因為屋大維用這種非常柔和的方式和一種尊重共和的姿態，拿到了所有實際的權力，又拿到了皇帝應有的聲望。而這聲望是誰給的？就是元老院原來三文不值二文的給他的，所以他就成了皇帝。

我們再復一下盤，看看屋大維前前後後都幹了些什麼事。

第一，把牌桌支好，大家不准掀桌子；第二，確定玩的內容，不玩大老二，而是玩麻將，打一張吃一張；第三，定規矩，是玩四川麻將還是北京麻將；第四，營造氛圍，大家融融洽洽，和氣一堂；第五，等你們把所有高帽子都給我戴上，每個人都願意到我家來打麻將的時候，對不起，我就要坐莊了，而且是連莊。我就可以把這個職位一代一代的往下傳了——羅馬帝國就此建立。

說完了屋大維的這一套組合拳，我們可以看到，整個一套政治體制改革的成形和成功是多麼不容易啊！它至少需要這麼幾個條件：第一，明確的目標；第二，堅定的決心；第三，柔軟的身段；第四，高超的技巧；第五，共同的底線；第六，設計「元規則」（決定規則的規則）制度的能力；第七，崇高的道德聲望。

當一個政治家湊齊了這七張牌之後，他就可以推牌說：「胡了！」

第六章

孤獨的面對全世界

11 別讓人際關係毀了你——曾國藩

我們這一代人小時候對曾國藩可沒什麼好印象，因為歷史教科書告訴我們，他外號叫「曾剃頭」，是一個劊子手，是鎮壓太平天國的惡棍。

但是隨著年歲漸長，讀的書愈來愈多，我們知道中國近代的很多著名人物，比如毛澤東、蔣介石都十分崇拜曾國藩。可見，曾國藩是當時標準下的一個成功人物。

所以，在中國的很多地攤圖書上，曾國藩成為了成功學著作的一個重要作者。前幾年不是有一句話嗎？「經商要讀胡雪巖，當官得看曾國藩。」

曾國藩到底是個什麼人，他到底成功不成功呢？他當然很成功。按照當時的標準，他在二十八歲中了進士，少年得志。然後就是十年的京官生涯，從一個普通的翰林，連續被提拔七次；如果按級別來說，就是連升了十級，一直做到吏部侍郎，就是今天的中央組織部副部長，可謂順風順水，青雲直上。

他當了侍郎之後，家裡出事了——他的母親去世了。按照當時的規矩，他要回家丁憂守制，於是他就回到老家湖南守孝。當時正趕上太平天國興起，於是他投筆從戎，組織起家鄉的團練，這就是著名的湘軍。

湘軍不僅戰功赫赫，還是中國近代軍閥的老祖宗。曾國藩後半輩子都在帶領湘軍跟太平天國對抗以取悅皇上，最後打贏了，滅掉了太平天國。

這功勞實在是太大了，對清朝來說幾乎可以算是再造之恩，但這也對清政府出了一個大難題：功勞這麼大，沒法兒封賞了。

如果按照咸豐的想法，那就簡單了。咸豐在生前曾經懸賞過一個賞格：「任何人只要滅掉太平天國，就賞他一個王爵。」今天聽起來可能沒什麼，皇帝封一個王爺，不就是隨口一句話的事兒嗎？但在清代的制度裡，可不是這麼簡單的。

自從吳三桂死了之後，清朝封王爺，要麼是愛新覺羅家族自己的子弟，要麼就是朝鮮、蒙古這些外藩。旗人是奴才，封不了王，漢人就更別說了，那叫「非我族類，其心必異」。所以，咸豐答應讓外姓封王，是一個大大的賞格。

可是咸豐一死，他留下的慈安太后和慈禧太后一看，既然太平天國已滅，這王爺的爵位就捨不得了，後來只封了曾國藩一個「一等毅勇侯」，就是侯爵當中的一等爵。

曾國藩這個人很厲害，後來他功成身退，得到了善終。在帝制時期，一個大功臣如果還能有善終，絕對是有了不得的官場生存能力。所以，他是一個非常成功的人。

「笨蛋」曾國藩

曾國藩這個人也有缺陷，就是他比較笨。當時也有人說他是「賜同進士出身」，意思是三甲的進士出身，看不起他。

清朝進士一共分三等，就是三甲。一甲只有三名，就是狀元、榜眼、探花，這叫「賜進士及第」；二甲人數就多一些了，這叫「賜進士出身」；三甲的進士叫「賜同進士出身」，就是皇上可憐你們，賞賜你們，你們的身分也如同進士。

中國古代還有一個詞叫「如夫人」，指的就是小妾，但「如夫人」與夫人的地位可不知差到哪兒去了。「賜同進士出身」與進士，就相當於小妾和夫人之間的區別。所以當時有一副流傳很廣的對聯：「替如夫人洗腳，賜同進士出身。」

這麼嘲諷曾國藩其實沒什麼道理，因為按照當時的人口基數來算，三年才有一次京考，然後才出那麼幾個進士，真的是很少很少，比今天北大、清華的學歷可要珍貴得多了，所以曾國藩還是一時之人傑。

我說他笨，是指他小時候。他小時候是真笨。前面我們說他二十八歲考取進士，但是他二十三歲時才考取秀才，而且前後考了七次。

曾國藩小時候不屬於那種才氣縱橫的人，晚清的著名人物，中秀才普遍都很早，比如說比曾國藩小一歲的左宗棠，十四歲就中了秀才，而且是全縣第一名。而曾國藩考了七次才中，還是全縣倒數第二名。再比如說梁啟超，十一歲中秀才，十六歲就中舉人了；李鴻章十七歲就中了秀才。所以說，曾國藩讀書開竅是比較遲的。

野史裡面有一則史料，說有一個賊跑到曾國藩家裡偷東西，藏在屋梁上，準備等他們全家睡著以後再下來。當時曾國藩正在背一篇很短的文章，但怎麼都背不會。最後這個賊都會背了，他氣急敗壞的從屋梁上跳下來，從大門口揚長而去，臨走還回頭指著曾國藩說：「這麼笨，還讀什麼書啊！」

確實，曾國藩自己在成功之後也一直說：「我這個人才氣不行。」包括同時代的左宗棠，後生當中的梁啟超，也都說曾國藩這個人一生不以才氣見長。

曾國藩後來總結自己的一生，說自己吃過四次大虧，叫「四大塹」，頭兩次都是跟智力相關的。

第一次是他第六次考秀才時，考得還不行，學臺大人就張榜發布公告，給曾國藩四個字的評語：「文理太淺。」但他又認為曾國藩是個可造之材，就為他安了一個身分：佾生。

「佾生」就是指考秀才雖未入圍，但成績尚好者，選取充任孔廟中祭禮樂舞的人員。學臺大人的意思就是說：「我們在學習的時候，你這個佾生可以來伴舞。」所以，曾國藩把這件事當作人生中第一次奇恥大辱。

第二次發生在跟咸豐皇帝打交道的時候。咸豐在一八五一年上臺後，下詔「求言」。曾國藩就上了個奏摺，建議皇帝「日講」，就是為皇帝上課，加強學習。咸豐皇帝說：「這個想法不錯，你寫個方案吧！」

曾國藩就寫了個方案，還畫了一張日講的講堂布置圖給大家看。結果所有的同僚都嘲笑他說：「這圖畫得太醜了。」一個農家出身的靦腆少年，懷著一種壯烈的心志想做一件事，結果卻被所有的人嘲笑。所以，他認為這是人生中的第二次奇恥大辱。

總之，在歷史上，尤其是青少年時期的曾國藩，給我們的感覺是一個笨笨的形象。

青年時代，用自己的道德標準要求別人

笨是什麼意思？中國人說人笨，通常包含三個字。第一個字是「愚」，第二個字是「蠢」，第三個才是這個「笨」，這三個字字形不一樣，含義也略有區別。

所謂愚，上從禺，下從心，上面的禺是什麼意思？就是指山腳或者牆角。合起來，就

是指一個人鑽牛角尖，不開通，死心眼，一根筋，鑽到角落裡難以自拔。

蠢的意思是什麼呢？它上面是個春字，下面是兩個蟲，含義就是春天到了，蟲就出來了，亂動一通。所以亂動稱之為蠢。

笨是最難解釋的，它上面是個竹字頭，把一根竹子剖開之後，我們會發現裡面有一層薄薄的東西，潔白得像紙一樣。它跟笨蛋有什麼關係呢？其實這中間有個過渡。當時古人形容一個女子很笨，會說她像白紙一樣純潔簡單，後來這個簡單的意思就演化為笨蛋的笨。

我們說曾國藩笨，指的就是他的簡單。因為他從小受的是儒家教育，那個世界確實很簡單，只要在上者仁義，感化下面的人，下面的每一個人恪守自己的本分（比如說文官就要死諫，武將就要死戰），那個世界就會變成朗朗乾坤。這是一個極其簡單的社會發展模式，它太簡單，簡單到根本就沒法兒運作。所以《紅樓夢》裡面的賈寶玉就講過，什麼文官不愛錢，武將不怕死，都是騙人的。

但曾國藩就是相信這一套，而且還身體力行。他不僅用這樣一個簡單的世界圖景和道德準則來要求自己，還要求其他人；不僅要求其他普通人，甚至還要求皇帝。

舉個例子，咸豐皇帝登基之後，按照慣例要求群臣直言進諫。這個時候做為臣子，輕描淡寫的提上一、兩條，比如「領導太不愛惜身體」之類的就可以了。可是曾國藩老老實實的寫了一封奏摺，指出了皇帝的三個毛病。

第一條，說咸豐小事精明，大事糊塗。任何一個有智商、有自尊心的人，恐怕都受不了這個評價。第二條，說咸豐「徒尚文飾」，就是只喜歡做表面上那一套。第三條，說咸豐剛愎自用，出爾反爾。

別說是臣子向皇上提意見了，現在的老闆如果直不愣登的被自己的「九〇後」下屬提這麼三條意見，人家也會跟你翻臉。

咸豐皇帝果然就翻臉了。據說他當時拿到這個奏摺，「咣嘰」一下把它扔地上，馬上就要派人辦曾國藩。結果被旁邊的人攔住了，說：「是您老人家自己求直言的，這個時候再殺人不好吧？」所以曾國藩算是撿回了一條命。

曾國藩不只跟皇帝這麼來勁，跟自己的同僚也是一樣，都是用自己的道德標準來要求別人。

他剛剛拉起湘軍的時候，就帶著隊伍跑到湖南的省城長沙，要求跟當時的正規軍——綠營——會操（一起訓練）。綠營又稱綠旗兵，是清朝的常備軍之一，在滿清入關幾百年後，已經爛得提不起來了，很多將官都是靠吃空額等舞弊行為過日子的，很多士兵除了當兵這份職業，還搞起了第二職業，比如剃個頭、賣個豆腐之類。這樣的軍隊，看見曾國藩帶來的這幫「土包子」，能看得起嗎？雖然綠營軍戰鬥力不如人家，但他們認為自己是國家正規軍，湘軍是民兵；自己是員警，湘軍是城管（地方管理市容的執法者）。你想跟我會操，你有資格嗎？

當時長沙綠營的副將叫清德，是個滿人、八旗子弟，當然就倔強不屈了，每次會操都不來。那些士兵本來就不聽招呼，更何況他們的長官在後面挑撥是非。曾國藩抱著拳拳忠君之心，要為抵抗太平天國加強戰鬥力，還經常登臺演講，以忠君愛國之心來激勵士氣。但是那些人連字都不認識，皇上來了要糧食他們可以給，但忠君愛國的思想他們哪裡有呢？所以就很難合得來。

清德後來鬧得非常不像話。曾國藩一看有這麼一個人在背後搗鬼，反正自己也有專摺奏事之權，於是就向咸豐皇帝發了一封奏摺，說清德原來逃跑，現在搗亂。咸豐就說：「那就把這個清德革職查辦吧！」

曾國藩初來乍到，居然用朝廷的體制把身邊的兄弟辦了，這讓其他人怎麼看？當時的湖南提督鮑起豹也是一名武將，他當然要跟曾國藩作對了。但是因為有前車之鑑，他就在背後搗亂，經常挑撥綠營兵和湘軍之間的關係。

有一次，綠營兵把曾國藩的弟兄們揍了，曾國藩一怒之下，行文到提督衙門要求嚴懲肇事者。鮑起豹就裝模作樣的綁了幾個士兵給曾國藩送去。與此同時，他又挑撥其他的綠營兵對曾國藩起鬨，看他怎麼嚴懲。反正鮑起豹自己不出頭，因為一出頭就會被參。

結果大家可想而知，綠營兵綁著自己的幾個弟兄，送到了曾國藩那裡，然後就在門口起鬨：「我們把人送來了，有本事你處置啊！」

曾國藩當時在湖南巡撫衙門的「射圃」（練射箭的園子）裡設了一個臨時辦公室。當時的湖南巡撫叫駱秉章，就住在隔壁，也不吭聲，就看著曾國藩。曾國藩剛開始心裡也是穩定的，認為自己又沒犯錯，而且巡撫大人就在隔壁，你們還能把我怎麼樣？所以也不吭聲。

外面這幫綠營兵愈鬧愈凶，最後情緒失控，破開大門，衝進來就要打人，甚至要殺人。要知道，這幫當兵的沒有文化，然後基於各式各樣的義氣，後面又有自己的長官撐腰，能幹出什麼事兒可就真說不準了。

曾國藩被嚇得掉頭就往巡撫衙門裡跑。這個時候駱秉章出來了，綠營兵一看巡撫大人到場，馬上就安靜了。在清朝的體制中，重文輕武，巡撫當時是掛中央銜的，是最高的軍官，甭管武將有多高的品銜，哪怕是一品的武官，見到二品大員的巡撫都要下跪。所以駱秉章一來，大家就安靜了。

駱秉章上去就把被五花大綁的弟兄們鬆綁：「哎呀！弟兄們受委屈了，好了，沒事兒了，大家撤了吧！」綠營兵就撤了，這一仗算是打贏了。

其實所有人的表演，都是做給曾國藩看的，就是要告訴他：「你再這樣堅持自己那一整套道德原則，所有人都不會喜歡你，所有人都會在自己的分內給你難看。」

駱秉章事後就跟曾國藩講了一句話：「你不要再這樣鬧了，打仗還是要靠他們。」然後就掉頭回自己屋了，給了曾國藩非常大的一個難堪。

曾國藩在長沙混得不好，後來他又帶隊去了江西。當時的江西巡撫叫陳啟邁，這個人權力欲特別強，他認為曾國藩就是個客軍，就得歸自己管。而且曾國藩所有的糧餉都是從他這兒撥出去的，所以陳啟邁動不動就跑到曾國藩的軍營裡說三道四。

曾國藩看這個老頭兒不懂軍事，所以經常不聽他的，老毛病又犯了，又是一封奏摺，到咸豐皇帝那兒告了陳啟邁一狀。

咸豐皇帝說：「那好，把陳啟邁也辦掉吧！」繼任的江西巡撫叫文俊，又是一個旗人。文俊上臺之後說：「你曾國藩是個不懂規矩的人，陳啟邁怎麼對付你，我還是怎麼對付你。糧餉就在我手裡，你不聽我的，我就是不給你。」

所以曾國藩只能自己想辦法，找一些富戶去勸捐。文俊和陳啟邁的做法如出一轍，誰敢支持曾國藩，他就給誰顏色看。所以，曾國藩在江西也待不下去了。

這一階段是湘軍崛起的階段，也是曾國藩混得特別窩囊的一個階段。當時他向咸豐皇帝上的奏摺裡面有四個字，我讀起來特別有感覺，叫「積淚漲江」，就是自己累積的淚水讓江水都上漲了。你說他慘成了什麼樣子？

曾國藩年輕的時候，書信裡寫過一句名言：「聞春風之怒號，則寸心欲碎；見賊船之上駛，則繞屋彷徨。」一個堅持自己道德標準的人，自己的理想在現實面前被打得粉碎，而且還得不到皇帝的原諒和支持。所以，他的年輕時代不是因笨而鬱悶嗎？

失落回鄉，心性大變

咸豐六年（一八五六年），曾國藩的父親去世了，按照當時的規矩，他又要回家守制。但曾國藩是懷著一股怒氣走的，他跟咸豐皇帝也明說了。咸豐皇帝當時勸他：「仗打成這個樣子，你還回家守什麼制呢？奪情吧！」「奪情」即為國家奪去了孝親之情，就是說：「你別回家守制了，為了國家的安危，你要素服從軍，必須回到戰鬥崗位上。」

曾國藩說：「回來也不是不行，但是這份氣受夠了，我絕對不在沒有督撫大權的情況下，再去領兵作戰了。」說白了，他就是找咸豐皇帝要督撫大權。

此時太平天國正在天京鬧內訌，石達開和楊秀清當時殺得一塌糊塗，韋昌輝這些人都被宰了。石達開領兵出走後，太平天國眼瞅著就要不行了。咸豐皇帝一看，太平天國經過天京內訌之後，就像是秋後的螞蚱——蹦躂不了多少天了，於是就對曾國藩說：「那你就回家去吧！」

這事實上就等於剝奪了曾國藩的兵權，身為當事人，曾國藩心情特別不好。雖然按照禮法，回家丁憂守制是一個正常的安排。但對於他來講，畢竟不為皇帝所需要了，心裡還是很失落的。說實話，曾國藩也不是當時清廷倚仗的唯一一支力量，當時各種在籍的官員，一共有五十四個人在辦團練，根本不指望曾國藩這一支部隊。

所以曾國藩一回到自己湖南湘鄉縣的老家，馬上就病了。按照他自己的說法，他得了「怔悸之病」，也就是失眠，而且失眠的時候經常心慌。這明顯就是氣出來的。

當然，曾國藩是一個受過系統的、正統的儒家教育的理學家，他的理學造詣也非常深厚，也有一套自己修身的方法。在這兩年裡，他確實也發生了脫胎換骨的變化，包括讀了很多老莊的書，心態漸漸的就平復下來了。

他後來自己講到，在他出山的第一段時間裡，他覺得自己什麼都能，看別人覺得別人這兒也不對、那兒也不對。但是丁巳、戊午之後，也就是回老家這兩年之後，他覺得自己的心性大變，突然覺得自己百無一能，這個時候再看別人，能從別人身上看到很多很多的長處。

很多人在精神和境界上脫胎換骨，往往都要經過這樣的變化。熟悉佛教故事的人都知道，釋迦牟尼成佛之前，也有過這樣一段心態。

釋迦牟尼原本是個王子，出家之後，他修的是苦行，就是維持最少的食物攝入，透過苦行來磨礪自己。他每日或隔日進食一麻一米，後來七日才進食一次。他身邊還有好多隨從，跟著他一起苦行。

但是他苦行六年也不能得道，不能解脫生、老、病、死，完成精神境界的飛躍。所以有一天他決定放棄苦行，跑到尼連禪河裡洗了個澡，而苦行是不可以洗澡的。然後林中一個放牧的女子，還給了他一點兒乳糜喝。他身邊的人一看，認為王子的道念不堅，背棄了他們的理想，所以就離開釋迦牟尼，跑到別的地方繼續苦行。

釋迦牟尼獨自來到伽耶山，找了一棵大樹，就是後來那棵著名的菩提樹，鋪了一些草，然後在上面打坐，並發誓說：「我若證不到無上正等正覺，寧可讓此身粉碎，終不起此座。」七七四十九天之後，釋迦牟尼在一天早上，明心見性，頓悟成佛。

當然，這只是一個故事，但這個故事告訴我們，一個人的精神境界想要更上個層次，僅僅往外求，即透過各式各樣生活方式的改變來逼自己改變，不是根本性的方法。

根本性的方法，是對外人變得更加通達，是內心的容量變得充分放大，每一個在人生當中感受到境界提升的人，我覺得他都有類似的經歷。曾國藩也一樣。

第二次復出：放下身段，長袖善舞

終於，曾國藩的運氣又來了。就在他回家兩年之後，把自己的心性磨得差不多的時候，咸豐八年（一八五八年），皇帝又要他出山。因為太平天國死灰復燃，接連擊破了清軍的江北大營、江南大營，開始反撲了。其實他這個時候守制還沒有結束，還是「奪情」。

此時的曾國藩不再跟皇帝爭強了，他回家之前認為：「皇帝你不給我督撫大權，我就不來幫你打仗。」甚至臨走的時候還說：「專摺奏事之權我不要了，以後我有什麼話，就透過湖南巡撫向你上奏摺吧！」

但現在他不這樣想了。皇帝的詔書在六月初三下達，他六月初七就啟程了，一點兒不廢話，見詔即起行，前後準備僅僅用了四天。曾國藩後半輩子跟皇帝打交道的方式，跟前半輩子可就完全不同了。他第一次起兵的時候，皇帝每次都像求著他似的，說：「你去救一下武漢吧！」「你去打一下哪兒哪兒吧！」他都不願去，推說兵沒練好，而且每次說話都是有稜有角的。

他的奏摺當中有一句著名的話：「與其將來毫無功績，受大言欺君之罪，不如此時據實陳明，受畏葸不前之罪。」就是說與其將來我打不下來你治我的罪，還不如現在你就辦我一個畏罪潛逃之罪。

但是他再次出山之後，跟皇帝打交道的方式就變得柔順了很多。比如說，咸豐曾經有一次要他出兵四川，曾國藩明知道不妥，是瞎指揮，而且他帶一幫湖南人跑到四川去，又要依賴別人給他糧餉，這個罪他之前已經受夠了。

但是他已經學會了不直接拒絕，就跟皇上各種周旋，一會兒說：「我正在打景德鎮，很快就打下來了，您再等等我。」一會兒又說：「我把當地的太平天國滅掉就行了。」總而言之，就是一直跟皇帝拖，拖到後來皇帝一看，四川已經沒事了，就說：「那行，你不用去了。」君臣之間的交流，不像原來那樣剛性了，而是變得更加的柔軟。

曾國藩第二次復出之後，他所有事情的處理方法都變了。比如說對其他官僚，原來動不動就指責這個不忠君、那個做了逃兵。現在他不這樣了，出山之前，他不是在家準備了四天嗎？這四天他還做了一件事——寫信給所有他將來要打交道的官員，從督撫大員到各地的武將無一遺漏，武將在當時其實是沒什麼地位的。此舉叫「惠乞指針」，就是你指導指導我，我這次該怎麼辦。曾國藩的身段一下子就放下來了。

他第一站到的是湖南的省城長沙，然後就拜會了所有大小官員，連長沙縣令也沒有遺漏。

當時官場上有一句話：「前生作惡，今生縣令，惡貫滿盈，縣令附郭。」就是說上輩子不積德，這輩子才會當縣令。你別以為縣太老爺多威風，那是對老百姓而言，在官場裡面，縣令是最底層的，老是挨欺負。

什麼叫「縣令附郭」？如果你的縣政府在省城，那你一定是上輩子惡貫滿盈，這輩子才罰你當這個苦差。我們可以想一下，過往省城的各位大員，包括督撫的家眷、姑舅等，誰來辦接待？當然是縣令來接待，來來往往的各色人等，你都得伺候到。本來就只能刮出那麼一丁點兒民脂民膏，但是現在又得花出去。所以在清代的官場上，但凡是首縣，都是些八面玲瓏、乖巧心思、非常柔順的人。

對這麼一個在官場見人就磕頭的可憐蟲，曾國藩也能禮賢下士，可見他的腰身已經柔軟到了什麼程度。

曾國藩這個時候已經變得非常圓滑，最典型的一個例子，是他跟戶部的一些書辦打交道。在中國古代官場，透過科舉去當京官的那些人，叫「官」，他們讀四書五經、寫八股文出身，是沒有實際行政能力的。真正辦事的人是那些「吏」，吏的職業往往是世襲的。比如說京城的六部，六部裡真正辦事的往往都是這些吏，而且是爺爺傳爸爸，爸爸傳兒子，這麼一代一代傳下來的。

所以，各個部的書辦往往是掌握實權的，比如說戶部的書辦，他們負責各式各樣的軍事報銷。一場大仗打下來，軍費往往高達幾千萬兩銀子，軍官報銷的時候，很多東西就會被書辦駁回。戶部的書辦就負責這個。

要想快速通過怎麼辦？只能賄賂書辦。所以一看太平天國打下來之後，這些戶部的書辦高興得不得了，終於有一筆大財要發了。

當時，按照史書記載，曾國藩要報銷的軍費是三千萬兩銀子。按照潛規則，應該給戶部的書辦四十萬兩。但是因為太多了，雙方就談判，談來談去，最後以八萬兩成交。

但在這個時候出了一件事，朝廷說：「這麼大一場仗，生靈塗炭，你們把所有的報銷檔在戶部備個案，就不用書辦審核了。」

這件事對於地方督撫大員、帶兵打仗的將領來說，當然是好事。但是對於戶部的書辦，就是晴天霹靂。

這時我們就可以看出曾國藩的做人之道。曾國藩說：「雖然不用報銷，那談好的八萬兩我還是要給。」曾國藩就從自己的小金庫裡拿了八萬兩，送給戶部的書辦。他想的是：「我們既然跟人談好了，就不能沒有信用，以防人家將來找自己的麻煩。」這個時候的曾國藩，還是幾年前那個以聖賢自期的儒家士大夫嗎？他幾乎是變了一個人。

跟自己的下屬打交道也是如此。本來曾國藩天天以忠君愛國來激勵自己的下屬，打仗打贏了之後，也有各式各樣的保舉，但他的保舉是非常嚴格的，比如，他第一次出山打武昌，武昌打下來之後，他一共保舉了三百人，這在他的部隊裡面大概是3％的比例。

同時代還有一個名臣，叫胡林翼。後來蔡鍔將軍編過一本兵書，叫《曾胡治兵語錄》，「曾」指的是曾國藩，「胡」指的就是胡林翼，可見當時兩個人是齊名的。胡林翼也曾經打下過武昌，打下之後保舉了三千人，是30％的比例。所以說，曾國藩對底下的人並不是很好。

但是第二次出山之後，曾國藩就幾乎是到了「濫保」的程度。反正朝廷給的各式各樣的保舉文書不要錢，可以隨便印。所以晚清的時候，武將裡面到處都是紅頂子，一品人員有的是。反正武將的官職也不值錢，曾國藩大約發了幾萬張這樣的保舉證書出去。

在滅掉太平天國之後，經曾國藩保舉出來的地方督撫，一級的大員有二十六個，二品以上的官員，任實職的有五十個。所以他後來也不把保舉當回事了。

再說說軍紀，所有儒家的老臣在自己帶兵的時候，通常都是嚴守軍紀的，因為儒家講究的是仁義，對老百姓怎麼能不仁義呢？剛開始曾國藩也是這樣，但是後來曾國藩完全變了一個人。比如說「軍隊搶劫」這件事，只要不觸及底線就好。

有一個事件能典型的反映出，他在軍紀執行上沒有剛開始那麼嚴了。太平天國把國家打得一片靡爛了，將來國家的重建怎麼辦呢？清政府聽說洪秀全在天京（如今的南京）積攢了金銀如山，只要把天京打下來，就可以用這筆錢辦各種善後的重建。但是曾國藩帶著他弟弟曾國荃把天京城拿下之後，告訴朝廷：「一分錢都沒有找到。」

當時民間就有人說：「哪裡是沒錢？都被曾國藩的弟弟曾國荃弄走了。湘軍把洪秀全所建宮殿的木頭都拆了下來，從城牆上順下，然後雇船運回湖南老家了。」

當時的清政府非常不高興，後來給曾國藩的封賞降了一格也有這個原因，還要曾國藩去查這筆錢到哪兒去了。曾國藩當時主張不要查，認為士兵拿點錢不容易，於政體人心又無妨礙，何必非得追繳呢？

不知道大家看到這兒有什麼感覺？可能心裡已經替曾國藩的人生畫出一條曲線了，那不就是一條墮落的曲線嗎？一個人剛開始用聖賢的標準要求自己，但是到了後來和光同塵，變得和天下的烏鴉一般黑。原來一個以聖賢自期的人，後來為達目的不擇手段，簡直就變成了一個「貪官汙吏」、一個市儈；一個有理想的人變成了沒理想的人。

曾國藩的正面和側面

在官場上這麼做我們還能理解，因為曾國藩本來是一匹野馬，混到一群斑馬裡，一看跟他們不一樣，就把自己身上用油漆刷成條條，偽裝成一匹斑馬，跟人家同流合汙了。

這是真實的曾國藩嗎？你要是這麼想，就真是冤枉他了。其實，曾國藩一生對自己的要求都很嚴格，在道德上，他一直都是一個廉潔自持的官員。

為大家介紹一本書——《曾國藩的正面和側面》，作者是張宏杰先生。這本書裡整理了大量曾國藩一生的財政史料，我們可以看到他是怎麼花錢的。

曾國藩後半輩子當了十二年的總督（十年的兩江總督，二年的直隸總督）。按照張宏杰的計算，當這兩任總督，他基本可以結餘一百八十萬兩白銀。

但是曾國藩臨死的時候，他的積蓄只有一萬八千兩，只占1%。而且這1%，他本來是準備自己告老還鄉之後用的，結果也沒用上，因為他在兩江總督的任上死了。當然最後的這一萬八千兩也沒剩下，辦喪事全花得精光。因為他臨死的時候交代自己的兒子：「辦喪事不准收禮。」

所以從原則上來講，曾國藩是一個沒有留下遺產的人，除了在湘鄉的一棟房子和裡面的藏書。

曾國藩一輩子對自己的生活要求都非常嚴，吃飯就用一個瓦盆，見客人的時候就穿著邋遢的破衣，因為他覺得自己又不是京官，穿那麼好幹什麼？他一生穿的鞋襪衣服，都是自己的夫人和女兒做女紅的產物，自產自銷。

他的夫人姓歐陽，歐陽夫人在老家一聽老公當總督了，就去投奔他，希望過點兒好日子。沒想到，到安慶一看，總督衙門破爛得一塌糊塗，老媽子只有兩個。這麼一大家子，家務怎麼操持得過來呢？所以歐陽夫人就自作主張，到街上去買了一個丫鬟。

曾國藩看見了就很生氣，說：「咱家沒必要花這個錢，有事自己做。」最後逼著歐陽夫人把這個丫鬟送人了。這不是什麼廉潔，他就是覺得沒必要。而且曾國藩一生有一個觀念：不要給子孫留財。他自己的生活也很清苦，比如說他有一個規定——「夜飯不葷」，就是說晚飯的時候不吃葷菜。總而言之，曾國藩對自己的道德要求非常高，但對別人卻不是這樣。比如說前面我們講的那個例子，對戶部的書辦，他跟人家談好要給八萬兩，就一定會給。再比如說，同治七年（一八六八年），因為他調任直隸總督，要進京面聖，就隨身帶了二萬兩銀子的銀票，在北京把它散光了，因為他要籠絡京官。

曾國藩和傳統的很多小人，行為作風完全不一樣。典型小人的作風是「律己寬、責人嚴」，而曾國藩正好反過來，是「律己嚴、責人寬」。

你可能會認為，曾國藩的所作所為無非證明他是一個好人，是個君子，而且也學會了孔老夫子講的恕道，對其他人比較寬容。

僅此而已嗎？還真不是，我們來琢磨一下他背後的邏輯。

「不讓他人難堪」背後的邏輯

曾國藩是一個清官，這沒錯，但他是一個「非典型清官」，因為他收禮。舉個例子，他剛當上兩江總督，去安慶上任的時候，地方官當然得巴結了，給他辦公館，送傢俱、被褥、細軟。曾國藩一看，說：「不錯，你們當差很謹慎，很用心，但這麼多東西我不能收。我也不能全不收，我收下這七領草蓆好了。」

這就是給雙方臺階下，讓地方官也有面子，不至於在總督大人那兒碰一鼻子灰回來。

他手下有一個大將，叫鮑超，字春霆，帶領著霆字營，是湘軍當中戰鬥力非常強的一支。鮑超是個粗人，會打仗，也會搶奪戰利品，很快就發財了。有一次曾國藩過生日，鮑超帶著十六個大包的禮物就來了。曾國藩一看，帶的東西還真不少，就讓鮑超打開看看都有什麼好東西。打開一看，金銀細軟、古玩字畫，一大堆。

曾國藩就說：「我也不能全不收，我只收一樣，但是你讓我自己挑好不好？」然後挑來挑去，挑中了一頂繡花小帽，剩下的完璧歸趙。請注意，這當中可沒有那些嘮叨，他不問鮑超這錢是怎麼來的，也不訓導他要廉潔……只是禮送出營而已。

再比如說曾國藩有一個幕僚叫容閎，這個人可不得了，是美國耶魯大學的畢業生，當然他是中國人。容閎在曾國藩的幕府裡，跟曾國藩商量說：「一定要辦洋務運動，引進外國的機器和技術。」

曾國藩說：「好，我給你六萬八千兩銀子，你到美國去採購機器，我們自己造槍造炮。」容閎揣著錢就走了。按照當時官場的說法，只要碰了公款，這可就是「美差」。後來容閎回國的時候，曾國藩已經不在兩江總督的任上，到北方去了。但是他知道，容閎一定會來送禮，所以他就給自己的兒子曾紀澤寫了一封信，說：「容閎上門，一定會送禮，你也別不收，但也別多收，二十兩銀子之類的禮物你就收下好了。」

這就是曾國藩的原則：不讓他人難堪。

還有一件小事，也典型的反映出他的這個原則。他到京城的時候，不是帶了二萬兩銀子的銀票，在京官當中散嗎？但是他在兩江總督的任上，小金庫結餘的是三萬兩，按理說他都能帶走，但是他沒帶，只帶了二萬兩。

那剩下的一萬兩怎麼辦？他寫信給他兒子，說：「這一萬兩你替我散給窮人，但是只能偷偷摸摸的散，不要大張旗鼓的散。為什麼？因為我不願意當一個清官。」

這件事背後的邏輯是什麼？曾國藩自己寫道：「我有美名，則人必有受不美之名與雖美而遠不能及己名者，相形之際，蓋難為情。」就是說，我喜歡美名，別人也喜歡。如果我一味的圖自己的美名，那不美之名就歸於他人。我不吃肉，我清廉，別人吃肉吃得舔嘴咂舌的時候，就會很難堪。如果讓他人承擔了這樣的名聲就不好了，不能讓他人難為情。

內聖外王的人生境界

說到這裡，我們就可以為曾國藩梳理一下，他到底達到了一種什麼樣的人生境界。都說當官要讀曾國藩，我們在他身上到底要學點什麼呢？

要知道，在中國古代的文化氛圍裡，尤其是在儒家思想的統治下，整個世界的人格分成兩種，一種叫君子，一種叫小人；一種叫聖賢，一種叫奸賊。奸賊和小人就不必說了，禍國殃民，只為私利，當然是不好的。可是聖賢和君子呢？因為他們覺得自己大義在手，所以就用這種道德標準，不僅要求自己，還要求周邊的所有人。

舉兩個例子，明朝的方孝孺和海瑞。方孝孺跟燕王朱棣之間有一段著名的對話，朱棣說：「你給我寫即位詔書，我要當皇上。」方孝孺說：「我就不寫。」「你不寫，你不怕我誅你的九族嗎？」「你誅我十族又如何？」所謂十族，就是包括自己的學生。朱棣就真把他所有的親戚，包括他的學生，全部處死了。

海瑞更是如此：「我清廉，一介不取；我窮，在衙門後院自己種菜吃。」但與此同時，他也用這種標準來要求自己的家人，甚至自己的同僚，弄得大家都很難堪，這就是曾國藩講的「蓋難為情」。

所以，聖賢和君子固然非常值得尊敬，但是他們與周圍人的關係未必好。因為他的道德標準已經高到了那個樣子，光芒萬丈，所有周圍的普通人、俗人，在這種光芒的照耀下都自慚形穢，他們就會離你遠遠的。海瑞最後復出的時候，他只是被做為一個道德標竿擱在那裡，誰都不願意跟他共事，更別提幫助他成什麼事了。

曾國藩所實踐的，恰恰是儒家一個更高的人生境界——「內聖外王」。就是用儒家的道德、君子的標準來要求自己，讓自己在內心裡成為一個聖賢。但這還不夠，這種人生還沒有登頂，真正的登頂是要向外去做一番事業的。

一個人做事的時候，關鍵不取決於你自己有多厲害、多能幹，關鍵取決於你能調動多少資源來幫助你。這個時候技巧就出現了，如果你不僅要追逐「內聖」，而且要追逐「外王」，那就不僅要當一個君子，還要有能力調動一切能夠幫助你的力量，來幫助你做成這一番事業。

只有弄清楚這個邏輯，你才能明白曾國藩一生當中最令人費解的轉變是怎麼發生的。曾國藩在當京官的時候，喜歡跟什麼人混在一起？就是後來典型的頑固派，比如說像倭仁這樣的人，就覺得自己是理學家、道學家，一輩子不要跟洋鬼子混在一起，因為他承襲的是孔孟的道統。

可是中年之後的曾國藩，反而成為洋務派的代表，對一些外洋庶務所謂的「奇技淫巧」，表現出了強烈的好奇心，做出了當時士大夫當中非常罕見的開放和包容的姿態。

這是一種轉變嗎？

當我們深看一層的時候，會發現這根本就不是什麼轉變，而是因為曾國藩追求的就是「內聖外王」這種儒家更高的人生境界。既然要向外追求事功，有一句話叫「泰山不辭細土，方能成其大」。所以一切可能的資源，曾國藩都不會拒絕，只要他內在還是一個聖賢就行了。

回到《曾國藩的正面和側面》這本書，在序言當中，有一段話讓我印象非常深，說到曾國藩這個人向我們呈現出了兩樣東西。

第一樣東西：「曾國藩全面展示了傳統文化的正面價值，證明了中國文化有活力、有彈性、有容納力的一面。」

第二樣東西：「一個資質平平的人，在意志力的推動下，可以達到什麼樣的高度。」

12 做一頭獨來獨往的獅子——胡適

在中國流傳甚廣的歌曲「蘭花草」，和它的作詞者胡適的命運幾乎一模一樣，都是中國人生活中熟悉的陌生事物。胡適的大名在中國可謂眾所周知，他是著名的教授和思想家，但在新中國成立後卻被一頓臭批，而近些年又被翻案，供在了文化名人的聖壇上。他為何會擁有這麼高的學術和思想地位呢？讓我們來聊聊胡適其人。

胡適先生擁有學者和文化名人的雙重身分，很多學科都有他的影子，而且在很多領域都有開創之功，但都涉入不深，更談不上有較高的學術建樹。做為一個學者，胡適僅有《中國哲學史大綱》一書堪稱真正成體系的學術著作，但也只完成了上卷；做為一個文化名人，他的社會、政治立場既非左派，也非右派。

胡適是安徽績溪人，畢業於美國哥倫比亞大學，二十六歲成為北京大學教授。當時他提倡白話文運動，致使多位老學問家、老學者都看輕他，如國學大師黃侃（章太炎的弟子）就曾嘲笑過他，認為白話文的效率不如文言文。固然，胡適的很多學問都處於草創時期，都還只是一種很簡樸的學術。國學如此，西學亦然。當時很多研究西學的人也看不起胡適，如北京大學的辜鴻銘就曾嘲笑他，認為他所學的英語屬美國俚語，不算真正典雅的英文，還認為他根本不懂西方哲學，教哲學更是誤人子弟；另一個在北京大學教哲學史的教授陳漢章，也曾經在課堂上嘲笑胡適對哲學的研究不深。平心而論，胡適在學問方面的確是提倡有心，創作無力，沒有太多可觀的成就。歷史學家唐德剛認為，這是由於他成名太早，不敢對千秋萬代負責。縱觀胡適的整個學術生涯可謂「無足可道」，但他卻喜歡去研究一些鮮有人涉獵的東西，如：《水經注》。

不清不楚的政治立場

胡適在學術上的地位很尷尬，在政治上也是如此。他一生在世七十一載，歷經四個時期，即清朝廷、北洋軍閥、南京政府時期及新中國成立之後的十幾年。

北洋軍閥政府時期，胡適就是一個堅定的反對派，動輒寫詩攻擊政府，還曾拒絕政府授予的嘉禾勳章。南京政府時期，胡適的政治地位和政治態度十分微妙，他與國民黨之間的關係是貌合神離。要說合，他差點兒成了國民政府的總統，胡適死後，蔣介石還送了他一副叫「新文化中舊道德的楷模，舊倫理中新思想的師表」的輓聯，可謂對他推崇備至；但蔣介石也在日記中承認，胡適的死為革命思想和民族復興思想除掉了一個障礙。要說離，老蔣就曾以胡適反黨的理由，否決了他當清華大學校長的報告。胡適與國民政府的關係可以概括為「國家諍臣，政府諍友」，他從來就不曾是蔣介石的走狗。

在與共產黨的關係方面，胡適的朋友很少，但共產黨的創始人之一毛澤東曾向他寫過不少信，胡適也用自己主辦的雜誌轉載過《湘江評論》上毛澤東的文章。胡適一生在一九四九年之前，沒有說過一句反共的話，他對共產黨始終不來往、不熟悉、不評論。

毛澤東於一九五一年和一九五四年發動的對胡適的批判，針對的是其代表的整個舊中國的思想文化傳統，而非胡適本人。一九四九年新中國成立後，所有知識份子都開始學習馬克思主義，胡適做為過去整個士林的領袖，被拿來當作檢驗大家學習馬克思主義成果的一個標準。

胡適的思想左也不靠，右也不靠，他是以一種孤單的政治姿態出現在中國現代思想史上的。他自己就曾說過：「獅子從來都是獨來獨往的，只有狐狸才會成群結隊。」

胡適對自己孤立的政治地位很是看重，他的孤立獨存，不管是面對兩股政治勢力還是主流民意，都敢於表達自己的孤立。最典型的是在五四運動期間，他從頭到尾都反對五四運動，認為學生不該上街，不該參與政治運動，應該回到書齋去研究學問，做未來民族的棟樑。

更典型的是他在九一八事變到一九三七年抗戰之前對待日本人的態度，他曾堅決的反對對日開戰，認為是一個農業國和一個工業國打，是一個前現代化的國家和一個已經現代化的國家打，根本打不過，應該以空間換取時間。他還認為當時應該承認偽滿洲國，好換取一個和平條約，以換取做國內現代化建設的時間，等養足力量再打。

早在一九三五年，胡適就說過：「中國想要打敗日本，需要具備『日本和美國在太平洋上開戰』這個必要條件。」他不僅有這個判斷，而且在一九三八年擔任駐美大使後，拚命的挑撥日本和美國的關係，他就是朝著這個使命去努力的。

胡適在美國常常不按常理出牌，他不是一個僅僅為大家發發護照和簽證的大使，而是一個到處演講的大使，其演講的基本意思為：「中國自古和美國一樣，是一個自由民主的國家；中國人抵抗日本人是為自由世界、民主世界去抵抗；日本就是法西斯，是沒人性的傢伙；日本遲早會讓美國吃虧的。」現實還真被胡適言中了，一九四一年就爆發了「珍珠港事變」。這次胡適做為一頭獨來獨往的獅子，又一次看對了未來。

談了這麼多，我不是想把胡適放在一個歷史夾縫當中來分析，把他當作茶餘飯後的談資，而是想要追問，做為幾十年前智者的胡適，留給我們的思想遺產是什麼？

胡適方法論：少談些主義

改革開放伊始，中國學術界普遍認為胡適在學問上是不錯的，在政治上是反動的，仔細琢磨這段公案，其實在胡適的思想當中，最值得重視的，就是他這一生反覆在講的那句：「多研究些問題，少談些主義。」乍一聽好似犬儒，但若回到那個年代就會讀出不一樣的意味。

先看後半句——「少談些主義」。什麼叫主義？主義的前身是思想，對於信奉者來說，信著信著就變得不容辯駁了，這就成了主義。胡適認為沒有什麼東西是不容辯駁的，是天然正確的，應先疑而後信。所以他說，在中國的思想文化傳統當中有一個規律，就是相信名教，即「以名詞為宗教」。雖然中國沒有全民信仰的共同宗教，但都信仰一些大詞，如：禮義廉恥、忠孝節義……好似語言本身就有力量，而不需要任何證據。但胡適認為這些東西均不可信。

有人將胡適的思想總結為「非主義論」，這是對一切建構性的、不容懷疑的理論而言。這似乎有些讓人費解。比如說，胡適一生都在整理國故，研究國學，可他卻主張年輕人不要研究國學，應去學習更現代化、更具普世價值的科學知識；再比如說「民主」這個詞，這個詞似乎天然正確，但是胡適卻認為民主不是什麼優秀的政治制度，而是一種先進的生活方式。中國想要走上民主的道路，需要像培養小孩一樣，從一點一滴的生活方式入手，去走向民主這條道路，這就是胡適「少談些主義」的根本內涵。

胡適方法論：多研究些問題

胡適的思想還有「多研究些問題」這上半句話。他自己一輩子研究的問題其實沒那麼重要，《紅樓夢》、《水經注》對當今社會的用處不太大，但他的確為中國思想文化引入了一種現代的科學方法論。

我們今天經常會講到一個詞——「獨立思考」。很多人都以為獨立思考是跟別人想得不一樣，特立獨行，其實這不叫獨立思考。真正的獨立思考應該是不盲從盲信，不被人騙，不被人唬弄，能做到有一分證據說一分話，用胡適的話說，就是用「大膽假設，小心求證」的思想方法來研究問題。

胡適對史學界的影響，是造就了所謂的「古史辨派」。古史辨派即是要有懷疑精神，如果沒有證據就不盲信。胡適已經去世這麼多年了，但中國現在居然還有那麼多人在反對科學。要知道，科學其實從來不自詡為真理，科學是目前為止，人類接近真理最可靠的一條羊腸小路。科學反覆講的就是要懷疑、要否定那些可證偽的東西，這才是科學。科學是一點一點進步的，但它的每一次進步，都是扎實的、可信任的進步。胡適這套方法論雖然講起來很簡單——大膽假設，小心求證，但這也是二百年來人類文明得以進展到今天這個程度的基本精神。

胡適是不信主義的，他要求大家應該先自省、自贖和自救，重新認識當時的中國到底處於一種什麼樣的狀態，分析一下自身能力是否能與日本人打這一架，如若沒有，就該回頭選擇一條更有效、更聰明的政治策略。因而，胡適那些聽起來像漢奸言論的東西，其背後的精神仍然是一整套科學方法論。

胡適的情懷：「嘗儕居是山，不忍見耳」

以上，我簡單介紹了一下胡適的思想。最後借用英國學者柏林的《狐狸與刺蝟》打個比方。胡適表面上有狐狸的才能，因為他廣泛涉獵文史哲，幾乎沒有他不碰的學問；但本質上他是一隻刺蝟，因為他知道一件很大很大的事情。這件事情就是「少談些主義」，少被人騙、被人矇，多用現代科學方法論，來一點一點的擴展我們的認知邊界。

同時胡適還常在文章裡自比鸚鵡。這源自中國古代的一個傳說：深山裡有隻鸚鵡，有一天突發山火，鸚鵡就用自己的翅膀去水邊蘸上一滴水去滅山火。山神認為它傻，說這麼做是毫無意義的，但鸚鵡卻說：「嘗僑居是山，不忍見耳。」

隔著幾十年的時光去看這位老人家，如果我們這個時代再不相信科學，再被人騙、被人矇，我們就永遠記住他的眼神吧！這隻刺蝟、這隻鸚鵡的眼神，在歷史深處看著我們的冷峻的眼神。

心理勵志 BBP375B

成大事者不糾結

作者 — 羅振宇

總編輯 — 吳佩穎
責任編輯 — 陳子揚
內頁設計／電腦排版 — 洸譜創意設計股份有限公司
封面設計 — 果實文化設計工作室

出版者 — 遠見天下文化出版股份有限公司
創辦人 — 高希均、王力行
遠見・天下文化 事業群榮譽董事長 — 高希均
遠見・天下文化 事業群董事長 — 王力行
天下文化社長 — 王力行
天下文化總經理 — 鄧瑋羚
國際事務開發部兼版權中心總監 — 潘欣
法律顧問 — 理律法律事務所陳長文律師
著作權顧問 — 魏啟翔律師
社址 — 台北市 104 松江路 93 巷 1 號 2 樓

讀者服務專線 — 02-2662-0012 ｜ 傳真 — 02-2662-0007, 02-2662-0009
電子郵件信箱 — cwpc@cwgv.com.tw
直接郵撥帳號 — 1326703-6 號 遠見天下文化出版股份有限公司

製版廠 — 東豪印刷事業有限公司
印刷廠 — 祥峰印刷事業有限公司
裝訂廠 — 聿成裝訂股份有限公司
登記證 — 局版台業字第 2517 號
總經銷 — 大和書報圖書股份有限公司 電話／ (02)8990-2588
出版日期 — 2015 年 11 月 25 日第一版第 1 次印行
2024 年 5 月 17 日第三版第 1 次印行

國家圖書館出版品預行編目(CIP)資料

成大事者不糾結 / 羅振宇著；
--第一版. -- 臺北市：
遠見天下文化, 2015.11
面； 公分.（心理勵志；BBP375）

ISBN 978-986-320-872-3（平裝）

1.成功法 2.個案研究

177.2 104022849

定價 — NT$450
條碼 — 4713510944622
書號 — BBP375B
天下文化官網 — bookzone.cwgv.com.tw